PRAWDZIWY TRIUMF TROPIKALNEJ KUCHNI

100 pysznych dań ze Słonecznego Wybrzeża na Twój stół

WERONIKA WILK

Prawa autorskie ©2024

Wszelkie prawa zastrzeżone

Żadna część tej książki nie może być wykorzystywana ani rozpowszechniana w jakiejkolwiek formie i w jakikolwiek sposób bez odpowiedniej pisemnej zgody wydawcy i właściciela praw autorskich, z wyjątkiem krótkich cytatów użytych w recenzji. Niniejsza książka nie powinna być traktowana jako substytut porady lekarskiej, prawnej lub innej porady zawodowej.

SPIS TREŚCI

SPIS TREŚCI **3**
WSTĘP **6**
TROPIKALNE ŚNIADANIA **8**
   1. Tropikalny omlet 9
   2. Pudding chia z ananasem 11
   3. Tropikalne tosty francuskie 13
   4. Złote gofry z owocami tropikalnymi 15
   5. Naleśniki z owocami tropikalnymi 18
   6. Tropikalny budyń kokosowy 20
   7. Tropikalne naleśniki 22
   8. Miska z jogurtem tropikalnym 24
   9. Miska na smoothie z owoców tropikalnych 26
   10. Mango kokosowe naleśniki 28
   11. Tropikalna miska Acai 30
   12. Miska śniadaniowa z komosą kokosowo-mango i komosą ryżową ... 32
   13. Parfait śniadaniowy z papają i limonką 34
   14. Tropikalne śniadanie burrito 36
   15. Chleb bananowo kokosowy 38
   16. Tropikalne śniadanie tacos 40
   17. Tropikalne tosty z awokado 42
TROPIKALNE PRZEKĄSKI **44**
   18. Tropikalna mieszanka przekąsek 45
   19. Ceviche z tropikalnym koktajlem 47
   20. Tropikalne, cytrynowe przekąski białkowe 49
   21. Pizza z Tropikalnym Orzechem 51
   22. Ananasowo-Kokosowe Kulki Energetyczne 53
   23. Kabobs z owoców tropikalnych 55
   24. Popcorn kokosowo-limonkowy 57
   25. Kokosowo-Limonkowe Guacamole 59
   26. Krewetki Kokosowe 61
   27. Tropikalne batoniki z granolą 63
   28. Roll-upy z salsą z tropikalnego mango 65
   29. Grillowane szaszłyki ananasowe 67
   30. Kokosowo-Bananowe Ukąszenia 69
   31. Tropikalny dip jogurtowy 71
   32. Sałatka z owoców tropikalnych 73
SIEĆ TROPIKALNA **75**
   33. Kremowa sałatka z owoców tropikalnych 76
   34. Tropikalny kurczak ananasowy 78
   35. Spróbuj krewetek Tropics 80

36. Karaibska grillowana wieprzowina z tropikalną salsą 82
37. Ogon homara z grillowanymi owocami tropikalnymi 84
38. Sałatka z tropikalnej czarnej fasoli i mango 86
39. Tropikalna miska ryżu 88
40. Tropikalne kebaby wieprzowe 90
41. Jamajska szarpana wieprzowina 92
42. Tofu z mango i curry 94
43. Sałatka z karaibskiej czarnej fasoli i mango Quinoa 97
44. Hawajski Kurczak Teriyaki 99
45. Curry z krewetkami i limonką kokosową 101
46. Jamajska koza curry 103
47. Tacos rybne w stylu karaibskim 105
48. Łosoś w glazurze mango 107
49. Karaibskie curry warzywne 109
50. Szarpany Kurczak Z Salsą Mango 112
51. Hawajskie żeberka wieprzowe BBQ 114
52. Karaibski grillowany stek z salsą ananasową 116

TROPIKALNE DESERY 118
53. Pavlova z owoców tropikalnych 119
54. Tropikalny sorbet z margarity 121
55. Tropikalne lody kokosowo-ananasowe 123
56. Tropikalny drobiazg 125
57. Tropikalne lody w rolkach 127
58. Mus z owoców tropikalnych 129
59. Sorbet z owoców tropikalnych 131
60. Mango-kokosowe lody Chia 133
61. Mango-Kokosowa Panna Cotta 135
62. Babeczki Piña Colada 137
63. mus z marakuji 139
64. Mango Kleisty Ryż 141
65. Sernik Gujawa 143
66. Odwrócone ciasto ananasowe 146
67. Coconut Macaroons 149
68. Lody ananasowo-kokosowe 151
69. Pudding ryżowo-kokosowy 153
70. Tarta kokosowa z mango 155
71. Sorbet z papai i limonki 158
72. Pudding kokosowo-bananowy 160
73. Kruszonka Ananasowo-Kokosowa 162

TROPIKALNE NAPOJE 164
74. Tropikalna woda 165
75. Tropikalny raj 167
76. Tropikalna mrożona herbata 169

77. Pikantny tropikalny zielony koktajl 171
78. Koktajl z tropikalnych mandarynek 173
79. Koktajl z tropikalnej komosy ryżowej 175
80. Tropikalna 177
81. Piña Colada 179
82. Truskawkowe Daiquiri 181
83. Tropikalna Margarita 183
84. Niebieski hawajski makieta 185
85. Makieta Mango Mojito 187
86. Limonka kokosowa 189
87. Tropikalna Sangria 191
88. Lodówka arbuzowo-limonkowa 193
89. Zielona herbata z mango 195
90. Tropikalny cios 197
91. Mrożona herbata z hibiskusa 199
92. Tropikalna mrożona kawa 201

PRZYPRAWY TROPIKALNE 203
93. Salsa ananasowo-papajska 204
94. Mango Salsa 206
95. Kokosowy chutney z kolendry 208
96. Chutney z tamaryndowca 210
97. Masło z marakui 212
98. Sos z nasion papai 214
99. Sos BBQ z gujawą 216
100. Sos Mango Habanero 218

WNIOSEK 220

WSTĘP

Rozkoszuj swoje zmysły kulinarną podróżą, która przekracza granice i przeniesie Cię do skąpanych w słońcu wybrzeży tropików dzięki „Prawdziwy triumf tropikalnej kuchni". Ta książka kucharska to pełna celebracji żywych i różnorodnych smaków charakteryzujących kuchnię tropikalną — kalejdoskop smaków, które tańczą na podniebieniu i przywołują radosnego ducha słonecznych miejsc. Dzięki 100 starannie dobranym przepisom ta kolekcja jest Twoją przepustką do delektowania się bogactwem egzotycznych owoców, aromatycznych przypraw i bogatych tradycji kulinarnych, które definiują tropikalną gastronomię.

Zamknij oczy i wyobraź sobie krajobraz ozdobiony palmami, lazurowymi wodami i tętniącymi życiem targowiskami pełnymi tropikalnych przysmaków. Teraz otwórz tę książkę kucharską i niech stanie się Twoim przewodnikiem po przemianie Twojej kuchni w tropikalny raj. „Prawdziwy triumf tropikalnej kuchni" to coś więcej niż kulinarna podróż; to eksploracja tętniącego życiem gobelinu utkanego przez tradycje kulinarne Karaibów, wysp Pacyfiku i Azji Południowo-Wschodniej.

Od pierwszego łyku orzeźwiającego koktajlu na bazie kokosa po ostatni kęs soczystego deseru z owoców tropikalnych, każdy przepis jest świadectwem radości, święta i bogactwa, które definiują kuchnię tropikalną. Niezależnie od tego, czy organizujesz ożywione spotkanie na plaży, urządzasz ucztę dla bliskich, czy po prostu chcesz nasycić codzienne posiłki duchem wysp, te przepisy zostały stworzone, aby wprowadzić tropikalne święto na Twój stół.

Dołącz do nas, gdy zagłębimy się w bujny świat tropikalnych składników, żywych przypraw i sztuki celebrowania poprzez zachwycające dania. Na tle lazurowego nieba i piaszczystych wybrzeży „Prawdziwy triumf tropikalnej kuchni" zaprasza Cię na kulinarną eskapadę, która oddaje esencję słonecznych wybrzeży i podnosi codzienne posiłki do rangi uroczystych uroczystości.

Nakryj więc swój stół kolorami przypominającymi turkusowe morza i tropikalną florę, zbierz składniki i rozpocznij świętowanie, zanurzając się w tropikalnych cudach kulinarnych, które czekają na stronach tej książki kucharskiej. Przygotuj się na rozkoszowanie się radością, smakami i wyjątkową celebracją tropikalnej kuchni!

TROPIKALNE ŚNIADANIA

1. Tropikalny omlet

SKŁADNIKI:
- 3 jajka
- 2 łyżki mleka kokosowego
- ¼ szklanki pokrojonego w kostkę ananasa
- ¼ szklanki pokrojonej w kostkę papryki
- ¼ szklanki pokrojonej w kostkę czerwonej cebuli
- ¼ szklanki startego sera (cheddar lub mozzarella)
- 1 łyżka posiekanej świeżej kolendry
- Sól i pieprz do smaku
- Masło lub olej do smażenia

INSTRUKCJE:
a) W misce wymieszaj jajka, mleko kokosowe, sól i pieprz.
b) Rozgrzej patelnię z powłoką nieprzywierającą na średnim ogniu i dodaj odrobinę masła lub oleju, aby pokryć jej powierzchnię.
c) Wlać mieszaninę jajek na patelnię i smażyć przez minutę, aż brzegi zaczną się wiązać.
d) Połowę omletu posyp pokrojonym w kostkę ananasem, papryką, czerwoną cebulą, tartym serem i posiekaną kolendrą.
e) Za pomocą szpatułki nałóż drugą połowę omletu na nadzienie.
f) Gotuj przez kolejną minutę lub do momentu, aż ser się roztopi, a omlet będzie ugotowany.
g) Zsuń omlet na talerz i podawaj na gorąco.
h) Rozkoszuj się tropikalnymi smakami pysznego omletu!

2.Pudding chia z ananasem

SKŁADNIKI:
- 1 (13,5 uncji) puszka mleka kokosowego
- 1 szklanka 2% zwykłego jogurtu greckiego
- ½ szklanki nasion chia
- 2 łyżki miodu
- 2 łyżki cukru
- 1 łyżeczka ekstraktu waniliowego
- Szczypta soli koszernej
- 1 szklanka pokrojonego w kostkę mango
- 1 szklanka pokrojonego w kostkę ananasa
- 2 łyżki wiórków kokosowych

INSTRUKCJE:

a) W dużej misce wymieszaj mleko kokosowe, jogurt, nasiona chia, miód, cukier, wanilię i sól, aż dobrze się połączą.
b) Podziel mieszaninę równomiernie na cztery (16-uncjowe) słoiki.
c) Przykryj i wstaw do lodówki na noc lub na maksymalnie 5 dni.
d) Podawać na zimno, posypane mango i ananasem oraz posypane wiórkami kokosowymi.

3.Tropikalne tosty francuskie

SKŁADNIKI:

- 4 kromki chleba
- 2 jajka
- ½ szklanki mleka kokosowego
- 1 łyżeczka ekstraktu waniliowego
- 1 łyżka miodu lub syropu klonowego
- Szczypta soli
- Pokrojone banany i mango do posypania
- Syrop klonowy lub miód do polania

INSTRUKCJE:

a) W płytkiej misce wymieszaj jajka, mleko kokosowe, ekstrakt waniliowy, miód lub syrop klonowy i sól.
b) Zanurzaj każdą kromkę chleba w mieszance jajecznej i pozwól jej nasiąknąć przez kilka sekund z każdej strony.
c) Rozgrzej patelnię lub patelnię z powłoką nieprzywierającą na średnim ogniu i lekko nasmaruj masłem lub olejem.
d) Namoczone kromki chleba smaż na patelni z obu stron na złoty kolor.
e) Przełóż tosty francuskie na talerze.
f) Na wierzchu ułóż pokrojone banany i mango.
g) Skropić syropem klonowym lub miodem.
h) Ciesz się tropikalnym akcentem klasycznych francuskich tostów!

4.Złote Gofry Z Owocami Tropikalnymi

SKŁADNIKI:
MASŁO Daktylowe
- 1 kostka niesolonego masła o temperaturze pokojowej
- 1 szklanka grubo posiekanych daktyli bez pestek

GOFRY
- 1 ½ szklanki mąki uniwersalnej
- 1 szklanka grubo mielonej mąki semoliny
- ¼ szklanki granulowanego cukru
- 2 ½ łyżeczki proszku do pieczenia
- ½ łyżeczki sody oczyszczonej
- ¾ łyżeczki grubej soli
- 1 ¾ szklanki pełnego mleka o temperaturze pokojowej
- ⅓ szklanki kwaśnej śmietany o temperaturze pokojowej
- 1 kostka niesolonego masła, roztopionego
- 2 duże jajka, temperatura pokojowa
- 1 łyżeczka czystego ekstraktu waniliowego
- Spray do gotowania na bazie oleju roślinnego
- Do podania pokrojone kiwi i owoce cytrusowe, posiekane pistacje i czysty syrop klonowy

INSTRUKCJE:
MASŁO Daktylowe:
a) Zmiksuj masło i daktyle w robocie kuchennym, kilka razy zeskrobując je z boków, aż będą gładkie i połączone. Masło daktylowe można przygotować nawet na tydzień wcześniej i przechowywać w lodówce; przed użyciem doprowadzić do temperatury pokojowej.

GOFRY:
b) W dużej misce wymieszaj mąkę, cukier, proszek do pieczenia, sodę oczyszczoną i sól. W osobnej misce wymieszaj mleko, śmietanę, masło, jajka i wanilię.
c) Wymieszaj mieszaninę mleka z mąką, tylko do połączenia.
d) Rozgrzej gofrownicę. Pokryj cienką warstwą sprayu kuchennego. Wlać 1 ¼ szklanki ciasta na gofr na środek żelazka, pozwalając, aby rozprzestrzeniło się prawie na krawędzie.
e) Zamknij pokrywkę i gotuj, aż uzyskasz złoty kolor i chrupkość, od 6 do 7 minut.
f) Zdejmij z żelazka i szybko potrząśnij kilka razy w dłoniach, aby uwolnić parę i zachować chrupkość, następnie przenieś na drucianą kratkę umieszczoną w obrzeżonej blasze do pieczenia. Trzymaj w cieple w piekarniku nagrzanym na 225 stopni, aż będzie gotowy do podania.
g) Powtarzaj powlekanie żelazka większą ilością sprayu kuchennego pomiędzy partiami.
Podawać z masłem daktylowym, owocami, pistacjami i syropem.

5. Naleśniki z owocami tropikalnymi

SKŁADNIKI:
- 4 uncje zwykłej mąki, przesianej
- 1 szczypta soli
- 1 łyżeczka cukru pudru
- 1 jajko plus jedno żółtko
- ½ litra mleka
- 2 łyżki roztopionego masła
- 4 uncje cukru
- 2 łyżki brandy lub rumu
- 2 ½ szklanki mieszanki owoców tropikalnych

INSTRUKCJE:

a) Aby przygotować ciasto na naleśniki, włóż do miski mąkę, sól i cukier puder i wymieszaj.

b) Stopniowo ubijaj jajka, mleko i masło. Pozostawić na co najmniej 2 godziny.

c) Rozgrzej lekko natłuszczoną patelnię, wymieszaj ciasto i usmaż 8 naleśników. Trzymaj się ciepło.

d) Aby przygotować nadzienie, w rondelku umieść mieszankę owoców tropikalnych z cukrem i delikatnie podgrzewaj, aż cukier się rozpuści.

e) Doprowadzić do wrzenia i podgrzewać, aż cukier się skarmelizuje. Dodaj brandy.

f) Napełnij każdy naleśnik owocami i natychmiast podawaj ze śmietaną lub creme fraiche.

6. Tropikalny budyń kokosowy

SKŁADNIKI:
- ¾ szklanki tradycyjnych, bezglutenowych płatków owsianych
- ½ szklanki niesłodzonych wiórków kokosowych
- 2 szklanki wody
- 1 ¼ szklanki mleka kokosowego
- ½ łyżeczki mielonego cynamonu
- 1 banan, pokrojony w plasterki

INSTRUKCJE:

a) Za pomocą miski połącz płatki owsiane, kokos i wodę. Przykryj i schłódź przez noc.

b) Przenieść mieszaninę do małego rondla.

c) Dodaj mleko, cynamon i gotuj na wolnym ogniu przez około 12 minut na średnim ogniu.

d) Zdjąć z ognia, odstawić na 5 minut.

e) Rozdzielić pomiędzy 2 miski i na wierzchu ułożyć plasterki banana.

7. Tropikalne naleśniki

SKŁADNIKI:
- 1 ¾ szklanki staromodnych płatków owsianych
- 1 ½ łyżeczki proszku do pieczenia
- 1 łyżeczka sody oczyszczonej
- ½ łyżeczki cynamonu
- ¼ łyżeczki soli
- 1 dojrzały, średni banan, rozgnieciony
- 2 łyżki roztopionego oleju kokosowego
- 1 łyżka syropu klonowego
- 1 duże jajko
- 1 łyżeczka ekstraktu waniliowego
- ¾ szklanki 2% mleka o niskiej zawartości tłuszczu
- ½ szklanki pełnotłustego mleka kokosowego z puszki
- ½ szklanki drobno pokrojonego ananasa
- ½ szklanki drobno pokrojonego mango

INSTRUKCJE:
a) Dodaj wszystkie składniki oprócz ananasa i mango do blendera.
b) Zmiksuj mieszaninę w blenderze, aż uzyskasz gładki płyn.
c) Do dużej miski wlać ciasto naleśnikowe.
d) Wymieszaj ananasa i mango.
e) Pozwól ciastu odpocząć przez 5 do 10 minut. Dzięki temu wszystkie składniki dobrze się połączą i ciasto będzie miało lepszą konsystencję.
f) Spryskaj patelnię lub patelnię z powłoką nieprzywierającą obficie olejem roślinnym i podgrzej na średnim ogniu.
g) Gdy patelnia będzie gorąca, dodaj ciasto za pomocą miarki o pojemności ¼ szklanki i wlej ciasto na patelnię, aby zrobić naleśnik. Użyj miarki, aby uformować naleśnik.
h) Smaż, aż boki będą gotowe, a na środku pojawią się bąbelki (około 2 do 3 minut), a następnie obróć naleśnik.
i) Gdy naleśnik będzie już upieczony z tej strony, zdejmij go z ognia i połóż na talerzu.

8.Miska z jogurtem tropikalnym

SKŁADNIKI:
- Kawałki ananasa, pokrojone w plasterki
- Kiwi, pokrojone
- Plasterki mango
- ½ szklanki jogurtu greckiego
- Chipsy kokosowe
- posiekane orzechy laskowe

INSTRUKCJE:
a) Do miski nałóż jogurt grecki i posyp owocami oraz innymi dodatkami.

9. Miska na smoothie z owoców tropikalnych

SKŁADNIKI:
- 1 dojrzały banan
- 1 szklanka mrożonych kawałków mango
- 1 szklanka mrożonych kawałków ananasa
- ½ szklanki mleka kokosowego
- Dodatki: plasterki kiwi, wiórki kokosowe, granola, nasiona chia

INSTRUKCJE:
a) W blenderze połącz banana, kawałki mango, kawałki ananasa i mleko kokosowe.
b) Mieszaj, aż masa będzie gładka i kremowa.
c) Wlać smoothie do miski.
d) Posyp pokrojonym kiwi, wiórkami kokosowymi, granolą i nasionami chia.
e) Rozkoszuj się orzeźwiającą miską smoothie z owoców tropikalnych!

10. Mango Kokosowe Naleśniki

SKŁADNIKI:
- 1 Mąkę o wszechstronnym przeznaczeniu
- 1 łyżka cukru
- 1 łyżeczka proszku do pieczenia
- ½ łyżeczki sody oczyszczonej
- ¼ łyżeczki soli
- 1 szklanka mleka kokosowego
- ½ szklanki puree z mango
- 1 jajko
- 2 łyżki roztopionego masła
- Pokrojone mango do posypania

INSTRUKCJE:

a) W misce wymieszaj mąkę, cukier, proszek do pieczenia, sodę oczyszczoną i sól.

b) W drugiej misce połącz mleko kokosowe, puree z mango, jajko i roztopione masło.

c) Wlać mokre składniki do suchych i wymieszać tylko do połączenia.

d) Rozgrzej patelnię lub patelnię z powłoką nieprzywierającą na średnim ogniu i lekko nasmaruj masłem lub olejem.

e) Na patelnię wylewamy ¼ szklanki ciasta na każdy naleśnik.

f) Smaż, aż na powierzchni pojawią się bąbelki, następnie przewróć i smaż drugą stronę na złoty kolor.

g) Podawaj naleśniki kokosowe z mango i plasterkami mango na wierzchu.

h) Rozkoszuj się tropikalnymi smakami tych puszystych naleśników!

11. Tropikalna miska Acai

SKŁADNIKI:
- 2 opakowania mrożonych acai
- 1 dojrzały banan
- ½ szklanki mrożonych mieszanych jagód
- ½ szklanki wody kokosowej lub mleka migdałowego
- Dodatki: pokrojony banan, kiwi, jagody, granola, płatki kokosowe

INSTRUKCJE:

a) W blenderze zmiksuj zamrożone opakowania acai, dojrzałego banana, mrożone mieszane jagody i wodę kokosową lub mleko migdałowe, aż masa będzie gładka i gęsta.
b) Wlać mieszaninę acai do miski.
c) Udekoruj pokrojonym bananem, kiwi, jagodami, granolą i płatkami kokosa.
d) Ułóż dodatki według uznania na wierzchu mieszanki acai.
e) Podawaj natychmiast i ciesz się orzeźwiającą i pożywną miską tropikalnego acai!

12. Miska śniadaniowa z komosą kokosowo-mango i komosą ryżową

SKŁADNIKI:

- ½ szklanki gotowanej komosy ryżowej
- ¼ szklanki mleka kokosowego
- 1 dojrzałe mango, pokrojone w kostkę
- 2 łyżki wiórków kokosowych
- 1 łyżka miodu lub syropu klonowego
- Opcjonalne dodatki: płatki migdałów, nasiona chia

INSTRUKCJE:

a) W misce wymieszaj ugotowaną komosę ryżową, mleko kokosowe, pokrojone w kostkę mango, wiórki kokosowe i miód lub syrop klonowy.

b) Dobrze wymieszaj, aby wymieszać wszystkie składniki.

c) W razie potrzeby dodaj dodatkowe dodatki, takie jak pokrojone migdały i nasiona chia.

d) Ciesz się tropikalnymi smakami tej pożywnej miski śniadaniowej z komosą kokosowo-mango i komosą ryżową!

13.Parfait śniadaniowy z papają i limonką

SKŁADNIKI:
- 1 dojrzała papaja, pokrojona w kostkę
- Sok z 1 limonki
- 1 szklanka jogurtu greckiego
- ¼ szklanki granoli
- 2 łyżki miodu lub syropu klonowego
- Świeże liście mięty do dekoracji

INSTRUKCJE:
a) W misce wymieszaj pokrojoną w kostkę papaję i sok z limonki. Delikatnie wymieszaj, aby papaja pokryła się sokiem z limonki.
b) W szklankach lub miskach ułóż warstwami mieszaninę papai, jogurtu greckiego i granoli.
c) Posmaruj wierzch miodem lub syropem klonowym.
d) Udekoruj listkami świeżej mięty.
e) Ciesz się orzeźwiającym i pikantnym parfaitem śniadaniowym z papai i limonki!

14.Tropikalne śniadanie Burrito

SKŁADNIKI:
- 2 duże tortille
- 4 jajka, jajecznica
- ½ szklanki pokrojonego w kostkę ananasa
- ½ szklanki pokrojonej w kostkę papryki
- ¼ szklanki pokrojonej w kostkę czerwonej cebuli
- ¼ szklanki startego sera (cheddar lub mozzarella)
- Świeża kolendra do dekoracji
- Sól i pieprz do smaku
- Salsa lub ostry sos do podania (opcjonalnie)

INSTRUKCJE:
a) Na patelni smaż jajecznicę, aż będzie gotowa. Doprawić solą i pieprzem.
b) Podgrzej tortille na osobnej patelni lub w kuchence mikrofalowej.
c) Rozłóż jajecznicę, pokrojony w kostkę ananas, pokrojoną w kostkę paprykę, pokrojoną w kostkę czerwoną cebulę i pokruszony ser pomiędzy tortille.
d) Złóż boki tortilli i zwiń je, tworząc burrito.
e) Opcjonalnie: Lekko podsmaż burrito na patelni, aby były chrupiące.
f) Udekoruj świeżą kolendrą.
g) Podawać z salsą lub ostrym sosem, według uznania.
h) Ciesz się tropikalnym akcentem klasycznego burrito na śniadanie!

15.Chleb bananowo kokosowy

SKŁADNIKI:
- 2 dojrzałe banany, rozgniecione
- ½ szklanki mleka kokosowego
- ¼ szklanki roztopionego oleju kokosowego
- ¼ szklanki miodu lub syropu klonowego
- 1 łyżeczka ekstraktu waniliowego
- 1 ¾ szklanki mąki uniwersalnej
- 1 łyżeczka proszku do pieczenia
- ½ łyżeczki sody oczyszczonej
- ¼ łyżeczki soli
- ¼ szklanki wiórków kokosowych
- Opcjonalnie: ½ szklanki posiekanych orzechów tropikalnych

INSTRUKCJE:
a) Rozgrzej piekarnik do 175°C i natłuść formę do pieczenia.
b) W dużej misce połącz rozgniecione banany, mleko kokosowe, roztopiony olej kokosowy, miód lub syrop klonowy i ekstrakt waniliowy. Dobrze wymieszaj.
c) W osobnej misce wymieszaj mąkę, proszek do pieczenia, sodę oczyszczoną i sól.
d) Stopniowo dodawaj suche składniki do mokrych, mieszaj tylko do połączenia.
e) Dodaj wiórki kokosowe i posiekane orzechy (jeśli używasz).
f) Ciasto wylewamy do przygotowanej formy i równomiernie rozprowadzamy.
g) Piec przez 45-55 minut lub do momentu, gdy wykałaczka wbita w środek będzie czysta.
h) Wyjmij z piekarnika i pozwól kokosowemu chlebowi bananowemu ostygnąć na patelni przez kilka minut.
i) Przenieś chleb na metalową kratkę, aby całkowicie ostygł.
j) Pokrój i podawaj pyszny tropikalny chlebek bananowo-kokosowy.

16.Tropikalne śniadanie Tacos

SKŁADNIKI:
- 4 małe tortille kukurydziane
- 4 jajka, jajecznica
- ½ szklanki pokrojonego w kostkę ananasa
- ¼ szklanki pokrojonej w kostkę czerwonej papryki
- ¼ szklanki pokrojonej w kostkę czerwonej cebuli
- ¼ szklanki posiekanej świeżej kolendry
- Sok z 1 limonki
- Sól i pieprz do smaku
- Opcjonalne dodatki: pokrojone awokado, salsa, ostry sos

INSTRUKCJE:

a) W misce wymieszaj pokrojony w kostkę ananas, czerwoną paprykę, czerwoną cebulę, kolendrę, sok z limonki, sól i pieprz. Dobrze wymieszaj.

b) Podgrzej tortille kukurydziane na patelni lub w kuchence mikrofalowej.

c) Napełnij każdą tortillę jajecznicą i posyp salsą z tropikalnego ananasa.

d) Dodaj opcjonalne dodatki, takie jak pokrojone awokado, salsa lub ostry sos.

e) Podawaj pyszne tropikalne tacos śniadaniowe.

17. Tropikalne tosty z awokado

SKŁADNIKI:
- 2 kromki chleba pełnoziarnistego, tostowe
- 1 dojrzałe awokado, obrane i wypestkowane
- Sok z ½ limonki
- ¼ szklanki pokrojonego w kostkę ananasa
- ¼ szklanki pokrojonego w kostkę mango
- 1 łyżka posiekanej świeżej kolendry
- Sól i pieprz do smaku
- Opcjonalne dodatki: pokrojone w plasterki rzodkiewki, microgreens lub ser feta

INSTRUKCJE:

a) W misce rozgnieć widelcem dojrzałe awokado.
b) Dodać sok z limonki, pokrojony w kostkę ananas, pokrojone w kostkę mango, posiekaną kolendrę, sól i pieprz.
c) Dobrze wymieszaj, aż wszystkie składniki się połączą.
d) Rozłóż równomiernie mieszaninę awokado na podpieczonych kromkach chleba.
e) W razie potrzeby posyp opcjonalnymi dodatkami, takimi jak plasterki rzodkiewki, mikroliście lub pokruszony ser feta.
f) Podawaj tosty z tropikalnego awokado jako pyszną i sycącą przekąskę lub lekki posiłek.
g) Rozkoszuj się kremowym awokado w połączeniu ze słodkimi i pikantnymi owocami tropikalnymi!

TROPIKALNE PRZEKĄSKI

18. Tropikalna mieszanka przekąsek

SKŁADNIKI:
- 6 szklanek prażonego popcornu
- 1 szklanka suszonego ananasa
- 1 szklanka prażonych orzechów makadamia
- 1 szklanka chipsów bananowych
- ½ szklanki prażonych płatków kokosowych

INSTRUKCJE

a) W dużej misce wymieszaj wszystkie składniki, aż dobrze się połączą.

b) Podawać natychmiast lub przechowywać w szczelnym pojemniku.

19. Ceviche z tropikalnym koktajlem

SKŁADNIKI:

- ¾ funta Snappera
- 1 funt przegrzebków; ćwiartowane
- 1 mała czerwona cebula; przekrojone na pół, pokrojone w cienkie plasterki
- ¼ szklanki kolendry; grubo posiekane
- 2 szklanki mango; pokrojone w kostkę
- 1 ½ szklanki ananasa; pokrojone w kostkę
- marynata
- 1 szklanka soku z limonki; świeżo wyciśnięty
- 1 łyżka skórki z limonki; tarty
- 1 szklanka octu ryżowego
- ¼ szklanki) cukru
- 1 ½ łyżeczki płatków czerwonej papryki; do smaku
- 1 ½ łyżeczki soli
- 2 łyżeczki nasion kolendry; zgnieciony

INSTRUKCJE:

a) Połącz składniki marynaty w dużej misce ze szkła lub stali nierdzewnej. Wymieszaj i odłóż na bok.

b) Opłucz rybę i przegrzebki w zimnej wodzie i osusz papierowymi ręcznikami. Dodaj przegrzebki do marynaty i wstaw do lodówki. Rybę pokroić w ½-calowe kawałki i dodać do marynaty z cebulą.

c) Delikatnie wymieszaj, przykryj i wstaw do lodówki na co najmniej 4 godziny przed podaniem.

d) Mieszaj od czasu do czasu, aby marynata równomiernie wniknęła w owoce morza. Ceviche można przygotować do tego momentu nawet na 2 dni wcześniej. Około 30 minut przed podaniem dodaj kolendrę i owoce i włóż naczynie do lodówki, aż będzie gotowe do podania.

e) Podawać w małych, schłodzonych miseczkach lub talerzach lub, dla bardziej świątecznego wyglądu, w kieliszkach lub szklankach do koktajli.

20. Tropikalne, cytrynowe przekąski białkowe

SKŁADNIKI:

- 1 ¾ szklanki orzechów nerkowca
- ¼ szklanki mąki kokosowej
- ¼ szklanki niesłodzonych wiórków kokosowych
- 3 łyżki surowych łuskanych nasion konopi
- 3 łyżki syropu klonowego
- 3 łyżki świeżego soku z cytryny

INSTRUKCJE:

a) Umieść orzechy nerkowca w robocie kuchennym i zmiel je, aż będą bardzo drobne.
b) Dodaj pozostałe składniki i miksuj, aż dobrze się wymieszają.
c) Wlać mieszaninę do dużej miski.
d) Weź kawałek ciasta i uformuj go w kulę.
e) Ściskaj i powtarzaj kilka razy, aż kula uformuje się i będzie solidna.

21.Pizza z Tropikalnym Orzechem

SKŁADNIKI:

- 1 gotowy spód pizzy
- 1 łyżka oliwy z oliwek
- 13,5-uncjowy pojemnik serka śmietankowego o smaku owocowym
- Słoik o pojemności 26 uncji z plasterkami mango, odsączonymi i posiekanymi
- ½ C. posiekanych orzechów włoskich

INSTRUKCJE:

a) Upiecz spód pizzy w piekarniku zgodnie z instrukcją na opakowaniu.

b) Spód równomiernie posmaruj olejem.

c) Na cieście posmaruj serkiem śmietankowym, posyp posiekanym mango i orzechami.

d) Pokrój w wybrane plasterki i podawaj.

22. Ananasowo-Kokosowe Kulki Energetyczne

SKŁADNIKI:
- 1 szklanka daktyli, bez pestek
- 1 szklanka suszonego ananasa
- ½ szklanki wiórków kokosowych
- ¼ szklanki mąki migdałowej lub zmielonych migdałów
- ¼ szklanki nasion chia
- 1 łyżka roztopionego oleju kokosowego
- 1 łyżeczka ekstraktu waniliowego

INSTRUKCJE:

a) W robocie kuchennym zmiksuj daktyle i suszonego ananasa, aż utworzy się lepka pasta.

b) Do robota kuchennego dodaj wiórki kokosowe, mąkę migdałową, nasiona chia, roztopiony olej kokosowy i ekstrakt waniliowy.

c) Mieszaj, aż wszystkie składniki dobrze się połączą i utworzą konsystencję przypominającą ciasto.

d) Rozwałkuj mieszaninę na małe kulki.

e) Opcjonalnie: Obtocz kulki w dodatkowej porcji kokosa do panierowania.

f) Kulki energetyczne umieść w szczelnym pojemniku i wstaw do lodówki na co najmniej 30 minut przed podaniem.

g) Rozkoszuj się tymi smacznymi i energetyzującymi kulkami energetycznymi o smaku ananasowo-kokosowym!

23.Kabobs z owoców tropikalnych

SKŁADNIKI:

- Różne owoce tropikalne (ananas, mango, kiwi, banan, papaja itp.), pokrojone na kawałki wielkości kęsa
- Drewniane szpikulce

INSTRUKCJE:

a) Na drewniane patyczki nabijamy różne owoce tropikalne, tworząc dowolny wzór.

b) Powtórz tę czynność z pozostałymi owocami i szaszłykami.

c) Podawaj kebaby z owocami tropikalnymi w czystej postaci lub z dodatkiem jogurtu lub miodu do maczania.

d) Ciesz się tymi kolorowymi i pożywnymi szaszłykami owocowymi!

24. Popcorn kokosowo-limonkowy

SKŁADNIKI:

- ½ szklanki ziaren popcornu
- 2 łyżki oleju kokosowego
- Skórka i sok z 1 limonki
- 2 łyżki wiórków kokosowych
- Sól dla smaku

INSTRUKCJE:

a) Rozgrzej olej kokosowy w dużym garnku na średnim ogniu.

b) Dodaj ziarna popcornu i przykryj garnek pokrywką.

c) Od czasu do czasu potrząsaj garnkiem, aby zapobiec przypaleniu.

d) Gdy strzelanie ucichnie, zdejmij garnek z ognia i odstaw na minutę, aby upewnić się, że wszystkie ziarna wyskoczyły.

e) W małej misce połącz skórkę z limonki, sok z limonki, wiórki kokosowe i sól.

f) Posyp świeżo uprażony popcorn mieszanką limonkowo-kokosową i wymieszaj, aby równomiernie się nią pokryła.

g) Ciesz się pikantnym i tropikalnym popcornem z limonki kokosowej jako lekką i aromatyczną przekąską!

25. Kokosowo-Limonkowe Guacamole

SKŁADNIKI:

- 2 dojrzałe awokado
- Sok z 1 limonki
- Skórka z 1 limonki
- 2 łyżki posiekanej świeżej kolendry
- 2 łyżki pokrojonej w kostkę czerwonej cebuli
- 2 łyżki wiórków kokosowych
- Sól i pieprz do smaku

INSTRUKCJE:

a) W misce rozgnieć dojrzałe awokado widelcem na kremową masę.
b) Dodać sok z limonki, skórkę z limonki, posiekaną kolendrę, pokrojoną w kostkę czerwoną cebulę, wiórki kokosowe, sól i pieprz.
c) Dobrze wymieszaj, aby połączyć wszystkie składniki.
d) Posmakuj i dopraw według uznania.
e) Podawaj guacamole kokosowo-limonkowe z chipsami tortilla lub użyj jako pysznego dodatku do tacos, kanapek lub sałatek.
f) Ciesz się kremowymi i pikantnymi smakami tego tropikalnego akcentu na guacamole!

26.Krewetki Kokosowe

SKŁADNIKI:
- 1 funt krewetek, obranych i oczyszczonych
- ½ szklanki mąki uniwersalnej
- ½ szklanki wiórków kokosowych
- 2 jajka, ubite
- Sól i pieprz do smaku
- Olej kuchenny do smażenia

INSTRUKCJE:

a) W płytkiej misce wymieszaj uniwersalną mąkę, wiórki kokosowe, sól i pieprz.

b) Zanurzaj każdą krewetkę w ubitych jajkach, pozwalając, aby nadmiar spłynął, a następnie pokryj ją mieszanką kokosową.

c) Rozgrzej olej kuchenny na głębokiej patelni lub w garnku na średnim ogniu.

d) Smażyć krewetki w panierce kokosowej partiami, aż będą złocistobrązowe i chrupiące, około 2-3 minuty z każdej strony.

e) Wyjmij krewetki z oleju i odsącz na ręcznikach papierowych.

f) Podawaj krewetki kokosowe jako pyszną tropikalną przystawkę lub przekąskę z wybranym sosem, takim jak słodki sos chili lub salsa z mango.

g) Ciesz się chrupiącymi i aromatycznymi krewetkami kokosowymi!

27.Tropikalne batoniki z granolą

SKŁADNIKI:
- 1 ½ szklanki płatków owsianych
- ½ szklanki wiórków kokosowych
- ¼ szklanki posiekanego suszonego ananasa
- ¼ szklanki posiekanego suszonego mango
- ¼ szklanki posiekanej suszonej papai
- ¼ szklanki posiekanych orzechów (np. migdałów, orzechów nerkowca, orzechów makadamia)
- ¼ szklanki miodu lub syropu klonowego
- ¼ szklanki masła orzechowego (np. masło migdałowe, masło orzechowe)
- 1 łyżeczka ekstraktu waniliowego
- Szczypta soli

INSTRUKCJE:

a) Rozgrzej piekarnik do 175°C i wyłóż naczynie do pieczenia papierem pergaminowym.

b) W dużej misce połącz płatki owsiane, wiórki kokosowe, posiekany suszony ananas, posiekane suszone mango, posiekaną suszoną papaję i posiekane orzechy.

c) W małym rondlu podgrzej miód lub syrop klonowy, masło orzechowe, ekstrakt waniliowy i sól na małym ogniu, aż się rozpuszczą i dobrze połączą.

d) Wlać mieszaninę miodu lub syropu klonowego do suchych składników i mieszać, aż wszystko będzie równomiernie pokryte.

e) Przełóż masę do przygotowanej formy do pieczenia i mocno dociśnij.

f) Piec przez 15-20 minut lub do momentu, aż krawędzie staną się złotobrązowe.

g) Wyjmij z piekarnika i pozostaw do całkowitego ostygnięcia w naczyniu.

h) Po ostygnięciu pokroić w słupki lub kwadraty.

i) Przechowuj tropikalne batoniki z granolą w szczelnym pojemniku, aby móc podjadać w drodze.

j) Ciesz się tymi domowymi i pożywnymi batonikami z granolą, pełnymi tropikalnych smaków!

28.Roll-upy z salsą z tropikalnego mango

SKŁADNIKI:
- 4 duże tortille pszenne
- 1 szklanka serka śmietankowego
- 1 szklanka salsy z mango
- ½ szklanki posiekanych liści sałaty lub szpinaku

INSTRUKCJE:

a) Połóż tortille z mąki płasko na czystej powierzchni.

b) Na każdą tortillę równomiernie rozłóż warstwę serka śmietankowego.

c) Na warstwę serka śmietankowego nałóż salsę z mango, tak aby przykryła tortillę.

d) Posyp salsą posiekaną sałatą lub liśćmi szpinaku.

e) Każdą tortillę ciasno zwiń, zaczynając od jednego końca.

f) Pokrój każdą zwiniętą tortillę w wiatraczki wielkości kęsa.

g) Podawaj roll-upy z salsą z tropikalnego mango jako aromatyczną i orzeźwiającą przekąskę lub przystawkę.

h) Ciesz się połączeniem kremowych, pikantnych i tropikalnych smaków!

29. Grillowane szaszłyki ananasowe

SKŁADNIKI:
- 1 ananas, obrany, wydrążony i pokrojony na kawałki
- 2 łyżki miodu lub syropu klonowego
- 1 łyżeczka mielonego cynamonu
- Drewniane szaszłyki namoczone w wodzie na 30 minut

INSTRUKCJE:
a) Rozgrzej grill lub patelnię grillową na średnim ogniu.
b) W małej misce wymieszaj miód lub syrop klonowy i mielony cynamon.
c) Na drewniane patyczki do szaszłyków nabijamy kawałki ananasa.
d) Posmaruj ananasa mieszanką miodu lub syropu klonowego, pokrywając nim wszystkie strony.
e) Połóż szaszłyki ananasowe na rozgrzanym grillu i smaż przez około 2-3 minuty z każdej strony lub do momentu, aż pojawią się ślady grillowania i ananas lekko się skarmelizuje.
f) Zdjąć z grilla i pozostawić do ostygnięcia na kilka minut.
g) Podawaj grillowane szaszłyki ananasowe jako słodką i tropikalną przekąskę lub deser.
h) Ciesz się wędzonym i karmelizowanym smakiem grillowanego ananasa!

30.Kokosowo-Bananowe Ukąszenia

SKŁADNIKI:

- 2 banany, obrane i pokrojone na kawałki wielkości kęsa
- ¼ szklanki roztopionej ciemnej czekolady
- ¼ szklanki wiórków kokosowych

INSTRUKCJE:

a) Blachę do pieczenia wyłóż papierem pergaminowym.

b) Zanurz każdy kawałek banana w roztopionej ciemnej czekoladzie, pokrywając ją mniej więcej do połowy.

c) Obtocz banana w czekoladzie w wiórkach kokosowych, aż pokryją się równomiernie.

d) Połóż powlekane kawałki banana na przygotowanej blasze do pieczenia.

e) Powtórz tę czynność z pozostałymi kawałkami banana.

f) Przechowywać w lodówce przez co najmniej 30 minut lub do momentu, aż czekolada stwardnieje.

g) Podawaj kawałki bananów kokosowych jako pyszną tropikalną przekąskę lub deser.

h) Ciesz się połączeniem kremowego banana, bogatej czekolady i kokosa!

31.Tropikalny dip jogurtowy

SKŁADNIKI:
- 1 szklanka jogurtu greckiego
- ½ szklanki pokrojonego w kostkę ananasa
- ½ szklanki pokrojonego w kostkę mango
- ¼ szklanki posiekanej czerwonej papryki
- ¼ szklanki posiekanej czerwonej cebuli
- ¼ szklanki posiekanej świeżej kolendry
- 1 łyżka soku z limonki
- ½ łyżeczki czosnku w proszku
- Sól i pieprz do smaku

INSTRUKCJE:
a) W misce wymieszaj jogurt grecki, pokrojony w kostkę ananas, pokrojone w kostkę mango, posiekaną czerwoną paprykę, posiekaną czerwoną cebulę, posiekaną kolendrę, sok z limonki, czosnek w proszku, sól i pieprz.
b) Dobrze wymieszaj, aż wszystkie składniki dokładnie się połączą.
c) Posmakuj i w razie potrzeby dopraw do smaku.
d) Tropikalny dip podawaj z chipsami tortilla, chlebem pita lub paluszkami warzywnymi.
e) Rozkoszuj się tym kremowym i aromatycznym dipem z tropikalnym akcentem!

32.Sałatka z owoców tropikalnych

SKŁADNIKI:

- 2 szklanki pokrojonego w kostkę ananasa
- 1 szklanka pokrojonego w kostkę mango
- 1 szklanka pokrojonej w kostkę papai
- 1 szklanka pokrojonego kiwi
- 1 szklanka pokrojonych truskawek
- 1 łyżka świeżego soku z limonki
- 1 łyżka miodu lub syropu klonowego
- Opcjonalne dodatki: wiórki kokosowe lub posiekana świeża mięta

INSTRUKCJE:

a) W dużej misce połącz pokrojony w kostkę ananas, pokrojone w kostkę mango, pokrojoną w kostkę papaję, pokrojone kiwi i pokrojone truskawki.

b) W małej misce wymieszaj sok z limonki i miód lub syrop klonowy.

c) Sałatkę owocową skrop sosem limonkowym i delikatnie wymieszaj.

d) Opcjonalnie: Posyp wiórkami kokosowymi lub posiekaną świeżą miętą, aby dodać smaku i dekoracji.

e) Sałatkę z owoców tropikalnych podawaj schłodzoną jako orzeźwiającą i zdrową przekąskę.

f) Ciesz się żywymi i soczystymi smakami tej tropikalnej mieszanki!

g) Te 20 przepisów na tropikalne przekąski powinno zapewnić Ci różnorodne pyszne i aromatyczne opcje. Niezależnie od tego, czy szukasz czegoś słodkiego, pikantnego, kremowego czy chrupiącego, te przepisy z pewnością zaspokoją Twoje tropikalne pragnienia. Cieszyć się!

SIEĆ TROPIKALNA

33.Kremowa sałatka z owoców tropikalnych

SKŁADNIKI:
- Puszka 15,25 uncji sałatki z owoców tropikalnych, odsączona
- 1 banan, pokrojony w plasterki
- 1 szklanka mrożonej bitej polewy, rozmrożonej

INSTRUKCJE:
a) W średniej misce połącz wszystkie składniki.
b) Delikatnie wymieszaj, aby pokryć.

34. Tropikalny kurczak ananasowy

SKŁADNIKI:

- 1 papryka
- 1 mała czerwona cebula
- 450 g filetów z piersi kurczaka bez kości i skóry
- 2 szklanki groszku cukrowego
- 1 puszka (398 ml) kawałków ananasa w soku
- 2 łyżki roztopionego oleju kokosowego
- 1 op. Przyprawa do kurczaka z tropikalnym ananasem
- świeży sok z limonki

INSTRUKCJE :

a) Rozgrzej piekarnik do 425°F. Wyłóż blachę z wkładką.

b) Pokrój paprykę i cebulę w plasterki. W dużej misce połącz pieprz, cebulę, kurczaka, groszek cukrowy, kawałki ananasa (wraz z sokiem), olej kokosowy i przyprawy. Wrzucaj, aż dobrze się pokryje.

c) Ułóż najlepiej jak potrafisz, w jednej warstwie na patelni. Piecz przez 16 minut lub do momentu, aż kurczak będzie ugotowany.

d) Na koniec, jeśli chcesz, dodaj odrobinę świeżej limonki.

35.Spróbuj krewetek Tropics

SKŁADNIKI:
- 1 limonka przekrojona na pół
- 1 op. Przyprawa do kurczaka z tropikalnym ananasem
- 1 łyżka roztopionego oleju kokosowego
- 1 łyżka miodu
- 2 papryki, pokrojone w kawałki
- 1 mała cukinia, pokrojona w krążki o średnicy ½ cala
- 2 szklanki mrożonych kawałków mango
- 1 funt mrożonych, surowych, obranych krewetek, rozmrożonych

INSTRUKCJE :

a) Rozgrzej piekarnik do 425°F. Wyłóż blachę z wkładką.
b) Za pomocą wyciskarki do cytrusów 2 w 1 wyciśnij sok z limonki do dużej miski.
c) Dodać przyprawy, olej i miód. Mieszaj do połączenia.
d) Na patelni umieść paprykę, cukinię i mango.
e) Na wierzch wylać połowę sosu.
f) Używając szczypiec, wrzuć do sierści.
g) Wstawić do piekarnika i piec 10 min.
h) W międzyczasie dodaj krewetki do miski z pozostałym sosem; wrzucić do płaszcza.
i) Wyjmij patelnię z piekarnika; dodaj krewetki w jednej warstwie, najlepiej jak potrafisz.
j) Piecz przez 3–4 minuty lub do momentu, aż krewetki będą ugotowane.

36. Karaibska grillowana wieprzowina z tropikalną salsą

SKŁADNIKI:
SALSA:
- 1 mały ananas, obrany, wydrążony i pokrojony w kostkę
- 1 średnia pomarańcza, obrana i pokrojona w kostkę
- 2 łyżki świeżej kolendry, posiekanej
- Wyciśnij sok z połowy świeżej limonki

WIEPRZOWINA:
- ½ łyżki brązowego cukru
- 2 łyżeczki mielonego czosnku
- 2 łyżeczki mielonego imbiru
- 2 łyżeczki mielonego kminku
- 2 łyżeczki mielonej kolendry
- ½ łyżeczki kurkumy
- 2 łyżki oleju rzepakowego
- 6 kotletów z polędwiczki wieprzowej

INSTRUKCJE:
a) Zrób salsę, łącząc w misce sok ananasowy, pomarańczowy, kolendrowy i limonkowy. Odłożyć na bok. Można przygotować maksymalnie 2 dni wcześniej i przechowywać w lodówce.
b) W małej misce połącz mieszankę brązowego cukru, czosnek, imbir, kminek, kolendrę i kurkumę.
c) Posmaruj obie strony kotletów schabowych olejem rzepakowym i nałóż na obie strony.
d) Rozgrzej grill do średniego poziomu. Umieść kotlety wieprzowe na grillu na około 5 minut z każdej strony lub do momentu, aż osiągną wewnętrzną temperaturę 160°F.
e) Podawaj każdy kotlet z ⅓ szklanki salsy.

37. Ogon homara z grillowanymi owocami tropikalnymi

SKŁADNIKI:
- 4 bambusowe lub metalowe szpikulce
- ¾ złotego ananasa, obranego, wydrążonego i pokrojonego w 1-calowe kliny
- 2 banany, obrane i pokrojone w poprzek na osiem 1-calowych kawałków
- 1 mango, obrane, pozbawione pestek i pokrojone w 1-calową kostkę
- 4 homara skalnego lub duże ogony homara z Maine
- ¾ szklanki słodkiej glazury sojowej
- 1 szklanka masła, roztopionego
- 4 kawałki limonki

INSTRUKCJE:

a) Jeśli grillujesz bambusowymi szaszłykami, namocz je w wodzie na co najmniej 30 minut. Rozpal grill, aby uzyskać bezpośrednie, umiarkowane ciepło, około 350¼F.

b) naprzemiennie nabijaj kawałki ananasa, banana i mango, używając około 2 kawałków każdego owocu na szpikulec.

c) Pokrój ogony homara, dzieląc każdy ogon wzdłuż na zaokrągloną górną skorupę i mięso, pozostawiając płaską dolną skorupę nienaruszoną. Jeśli skorupa jest bardzo twarda, użyj nożyc kuchennych, aby przeciąć zaokrągloną skorupę i nożem, aby przeciąć mięso.

d) Delikatnie otwórz ogon, aby odsłonić mięso.

e) Delikatnie posmaruj glazurą sojową szaszłyki owocowe i mięso homara. Posmaruj ruszt grillowy i posmaruj go olejem. Połóż ogony homara, stroną z mięsem w dół, bezpośrednio nad ogniem i grilluj, aż będą ładnie zaznaczone grillem, przez 3 do 4 minut. Przyciśnij ogony do rusztu grilla za pomocą szpatułki lub szczypiec, aby ułatwić przysmażanie mięsa. Odwróć i grilluj, aż mięso będzie jędrne i białe, polewając glazurą sojową, jeszcze 5 do 7 minut.

f) W międzyczasie grilluj szaszłyki owocowe obok homara, aż będą ładnie zaznaczone grillem, około 3 do 4 minut z każdej strony.

g) Podawać z roztopionym masłem i cząstkami limonki do wyciśnięcia.

38. Sałatka z tropikalnej czarnej fasoli i mango

SKŁADNIKI:

- 3 szklanki ugotowanej czarnej fasoli, odsączonej i opłukanej
- ½ szklanki posiekanej czerwonej papryki
- ¼ szklanki posiekanej czerwonej cebuli
- ¼ szklanki posiekanej świeżej kolendry
- 1 jalapeño, pozbawione nasion i posiekane (opcjonalnie)
- 3 łyżki oleju z pestek winogron
- 2 łyżki świeżego soku z limonki
- 2 łyżeczki nektaru z agawy
- ¼ łyżeczki soli
- ⅛ łyżeczki mielonego cayenne

INSTRUKCJE:

a) W dużej misce połącz fasolę, mango, paprykę, cebulę, kolendrę i papryczkę jalapeño, jeśli używasz, i odłóż na bok.

b) W małej misce wymieszaj olej, sok z limonki, nektar z agawy, sól i cayenne. Sosem polej sałatkę i dobrze wymieszaj.

c) Schłodzić przez 20 minut i podawać.

39.Tropikalna miska ryżu

SKŁADNIKI:
MISKA
- 1 słodki ziemniak, obrany i pokrojony na kawałki wielkości kęsa
- 1 łyżka oliwy z oliwek extra virgin
- 2 szklanki ugotowanego ryżu jaśminowego
- 1 ananas, obrany, wydrążony i pokrojony na kawałki wielkości kęsa
- ¼ szklanki orzechów nerkowca
- 4 łyżki surowych łuskanych nasion konopi

SOS SŁODKO-KWAŚNY
- 1 łyżka skrobi kukurydzianej
- ½ szklanki posiekanego ananasa
- ¼ szklanki octu ryżowego
- ⅓ szklanki jasnego brązowego cukru
- 3 łyżki ketchupu
- 2 łyżeczki sosu sojowego

INSTRUKCJE:
SŁODKI ZIEMNIAK
a) Rozgrzej piekarnik do 425 stopni F.
b) Posmaruj słodkich ziemniaków olejem. Ułożyć na blasze do pieczenia i piec 30 minut.
c) Wyjąć z piekarnika i ostudzić.

SOS SŁODKO-KWAŚNY
d) W małej misce wymieszaj skrobię kukurydzianą i 1 łyżkę wody. Odłożyć na bok.
e) Do blendera dodaj ananasa i ¼ szklanki wody. Mieszaj, aż mieszanina będzie tak gładka, jak to możliwe.
f) Do średniego rondla dodaj mieszankę ananasową, ocet ryżowy, brązowy cukier, ketchup i sos sojowy.
g) Doprowadzić do wrzenia na średnim ogniu.
h) Dodaj mieszaninę skrobi kukurydzianej i gotuj, aż zgęstnieje, około minuty. Zdjąć z ognia i odstawić na czas składania misek.

MONTAŻ
i) Umieść ryż na dnie każdej miski. Dodaj rzędy ananasa, orzechów nerkowca, nasion konopi i słodkich ziemniaków.
j) Całość polewamy sosem słodko-kwaśnym.

40.Tropikalne kebaby wieprzowe

SKŁADNIKI:
- 8 drewnianych lub metalowych szpikulców
- 2 funty schabu wieprzowego, pokrojonego na 1-calowe kawałki
- 2 duże czerwone papryki, wydrążone, oczyszczone i pokrojone na 8 kawałków
- 1 zielona papryka, pozbawiona gniazda nasiennego, oczyszczona i pokrojona na 8 kawałków
- ½ świeżego ananasa pokroić na 4 części, a następnie w ćwiartki
- ½ szklanki miodu
- ½ szklanki soku z limonki
- 2 łyżeczki startej skórki limonki
- 3 ząbki czosnku, posiekane
- ¼ szklanki żółtej musztardy
- 1 łyżeczka soli
- ¼ łyżeczki czarnego pieprzu

INSTRUKCJE:

a) Jeśli używasz drewnianych szpikulców, namocz je w wodzie na 15–20 minut.

b) nabijaj na przemian kawałki wieprzowiny, 2 kawałki czerwonej papryki, 1 kawałek zielonej papryki i 2 krążki ananasa.

c) W naczyniu do pieczenia o wymiarach 9 x 13 cali wymieszaj miód, sok z limonki, startą skórkę z limonki, czosnek, żółtą musztardę, sól i czarny pieprz; Dobrze wymieszać. Ułóż kebaby w naczyniu do pieczenia i obracaj, aby pokryć je marynatą. Przykryj i wstaw do lodówki na co najmniej 4 godziny lub na noc, od czasu do czasu obracając .

d) Rozgrzej grill do średnio -wysokiej temperatury. Posmaruj szaszłyki marynatą; odrzucić nadmiar marynaty.

e) Grilluj kebaby przez 7 do 9 minut lub do momentu, aż wieprzowina przestanie być różowa, często obracając , aby usmażyć się ze wszystkich stron.

41. Jamajska szarpana wieprzowina

SKŁADNIKI:
- 2 funty polędwicy wieprzowej, pokrojonej w kostkę lub paski
- 3 łyżki przyprawy jamajskiej Jerk
- 2 łyżki oleju roślinnego
- 2 łyżki soku z limonki
- 2 łyżki sosu sojowego
- 2 łyżki brązowego cukru
- 2 ząbki czosnku, posiekane
- 1 łyżeczka startego imbiru
- Sól i pieprz do smaku

INSTRUKCJE:

a) W misce wymieszaj przyprawę jamajską, olej roślinny, sok z limonki, sos sojowy, brązowy cukier, zmielony czosnek, starty imbir, sól i pieprz.

b) Dodaj kostki lub paski polędwicy wieprzowej do miski i wymieszaj, aby równomiernie pokryły się marynatą.

c) Przykryj miskę i wstaw do lodówki na co najmniej 1 godzinę lub na noc, aby uzyskać bardziej intensywny smak.

d) Rozgrzej grill lub patelnię grillową na średnim ogniu.

e) Wyjmij wieprzowinę z marynaty, strząśnij jej nadmiar.

f) Grilluj wieprzowinę przez około 4-6 minut z każdej strony lub do momentu, aż będzie ugotowana i ładnie zwęglona.

g) Podczas grillowania posmaruj wieprzowinę pozostałą marynatą.

h) Po ugotowaniu przełóż wieprzowinę na półmisek i odstaw na kilka minut.

i) Podawaj jamajską szarpaną wieprzowinę jako pikantne i aromatyczne tropikalne danie główne.

j) Rozkoszuj się wędzonymi i aromatycznymi smakami przyprawy Jerk!

42. Tofu z mango i curry

SKŁADNIKI:
- 1 blok (14 uncji) twardego tofu, odsączonego i pokrojonego w kostkę
- 1 łyżka oleju roślinnego
- 1 cebula, pokrojona w plasterki
- 2 ząbki czosnku, posiekane
- 1 łyżka curry w proszku
- 1 łyżeczka mielonego kminku
- ½ łyżeczki mielonej kurkumy
- ½ łyżeczki mielonej kolendry
- ¼ łyżeczki pieprzu cayenne (dostosuj do smaku)
- 1 puszka (14 uncji) mleka kokosowego
- 1 dojrzałe mango, obrane, wypestkowane i pokrojone w kostkę
- 1 łyżka soku z limonki
- Sól dla smaku
- Posiekana świeża kolendra do dekoracji
- Do podania ugotowany ryż lub chleb naan

INSTRUKCJE:

a) Rozgrzej olej roślinny na dużej patelni lub w woku na średnim ogniu.

b) Dodaj pokrojoną cebulę i posiekany czosnek i smaż przez 2-3 minuty, aż zmiękną i pachną.

c) Dodać curry, mielony kminek, mieloną kurkumę, mieloną kolendrę i pieprz cayenne. Dobrze wymieszaj, aby przyprawy pokryły cebulę i czosnek.

d) Dodaj pokrojone w kostkę tofu na patelnię i smaż przez 3-4 minuty, aż lekko się zrumieni.

e) Wlać mleko kokosowe i doprowadzić do wrzenia.

f) Dodaj pokrojone w kostkę mango i sok z limonki na patelnię i dopraw solą do smaku.

g) Gotuj na wolnym ogniu przez 5-6 minut, aż tofu się podgrzeje, a smaki się połączą.

h) Udekoruj posiekaną świeżą kolendrą.

i) Podawaj tofu curry z mango na ugotowanym ryżu lub z chlebem naan, aby uzyskać satysfakcjonujące tropikalne danie główne.

j) Rozkoszuj się kremowym i aromatycznym curry z mango z delikatnym tofu i pachnącymi przyprawami!

43. Sałatka z karaibskiej czarnej fasoli i mango Quinoa

SKŁADNIKI:
- 1 szklanka ugotowanej komosy ryżowej, schłodzonej
- 1 puszka (15 uncji) czarnej fasoli, przepłukana i odsączona
- 1 dojrzałe mango, obrane, wypestkowane i pokrojone w kostkę
- 1 czerwona papryka, pokrojona w kostkę
- ¼ szklanki posiekanej czerwonej cebuli
- ¼ szklanki posiekanej świeżej kolendry
- Sok z 1 limonki
- 2 łyżki oliwy z oliwek
- 1 łyżeczka mielonego kminku
- Sól i pieprz do smaku

INSTRUKCJE:

a) W dużej misce połącz ugotowaną komosę ryżową, czarną fasolę, pokrojone w kostkę mango, pokrojoną w kostkę czerwoną paprykę, posiekaną czerwoną cebulę i posiekaną świeżą kolendrę.

b) W małej misce wymieszaj sok z limonki, oliwę z oliwek, mielony kminek, sól i pieprz.

c) Sosem polej mieszaninę komosy ryżowej i wymieszaj, aby dobrze się połączyły.

d) W razie potrzeby dostosuj przyprawę.

e) Przykryj miskę i włóż do lodówki na co najmniej 30 minut, aby smaki się połączyły.

f) Przed podaniem delikatnie wstrząśnij sałatką, aby wszystkie składniki dobrze się połączyły.

g) Podawaj karaibską sałatkę z czarnej fasoli i mango z komosą ryżową jako orzeźwiające i pożywne tropikalne danie główne.

h) Ciesz się połączeniem bogatej w białko czarnej fasoli, soczystego mango i pachnącej kolendry w każdym kęsie!

44.Hawajski Kurczak Teriyaki

SKŁADNIKI:
- 4 udka z kurczaka bez kości i skóry
- ¼ szklanki sosu sojowego
- ¼ szklanki soku ananasowego
- 2 łyżki miodu
- 2 łyżki octu ryżowego
- 1 łyżka oleju sezamowego
- 2 ząbki czosnku, posiekane
- 1 łyżeczka startego imbiru
- Plasterki ananasa do dekoracji
- Posiekana zielona cebula do dekoracji

INSTRUKCJE:
a) W misce wymieszaj sos sojowy, sok ananasowy, miód, ocet ryżowy, olej sezamowy, posiekany czosnek i starty imbir.
b) Udka z kurczaka układamy w płytkim naczyniu i zalewamy je marynatą. Upewnij się, że kurczak jest równomiernie pokryty.
c) Przykryj naczynie i wstaw do lodówki na co najmniej 1 godzinę lub na noc, aby uzyskać bardziej intensywny smak.
d) Rozgrzej grill lub patelnię grillową na średnim ogniu.
e) Wyjmij udka z kurczaka z marynaty, strząśnij jej nadmiar.
f) Grilluj kurczaka przez około 5-6 minut z każdej strony lub do momentu, aż będzie ugotowany i ładnie zwęglony.
g) Podczas grillowania posmaruj kurczaka pozostałą marynatą.
h) Po ugotowaniu przełóż kurczaka na talerz i odstaw na kilka minut.
i) Udekoruj plasterkami ananasa i posiekaną zieloną cebulą.
j) Podawaj hawajskiego kurczaka teriyaki jako danie główne inspirowane klimatem tropikalnym.
k) Rozkoszuj się delikatnym i aromatycznym kurczakiem w słodko-pikantnej glazurze teriyaki!

45. Curry z krewetkami i limonką kokosową

SKŁADNIKI:
- 1 funt krewetek, obranych i oczyszczonych
- 1 puszka (13,5 uncji) mleka kokosowego
- Sok i skórka z 2 limonek
- 2 łyżki tajskiej zielonej pasty curry
- 1 łyżka sosu rybnego
- 1 łyżka brązowego cukru
- 1 czerwona papryka, pokrojona w plasterki
- 1 cukinia, pokrojona w plasterki
- 1 szklanka groszku
- 1 łyżka oleju roślinnego
- Świeża kolendra do dekoracji
- Ugotowany ryż do podania

INSTRUKCJE:

a) Rozgrzej olej roślinny na dużej patelni lub w woku na średnim ogniu.

b) Dodaj tajską pastę zielonego curry na patelnię i gotuj przez 1 minutę, aż zacznie pachnieć.

c) Wlać mleko kokosowe i dobrze wymieszać, aby połączyć się z pastą curry.

d) Dodaj sos rybny, brązowy cukier, sok z limonki i skórkę z limonki. Mieszaj aż do rozpuszczenia.

e) Na patelnię dodaj pokrojoną w plasterki czerwoną paprykę, cukinię i groszek. Mieszaj, aby warzywa pokryły się sosem curry.

f) Gotuj przez 5-6 minut, aż warzywa będą miękkie.

g) Dodaj krewetki na patelnię i smaż przez kolejne 3-4 minuty, aż krewetki będą różowe i ugotowane.

h) Zdjąć z ognia i udekorować świeżą kolendrą.

i) Podawaj curry z krewetkami kokosowo-limonkowymi na ugotowanym ryżu, aby uzyskać aromatyczny i aromatyczny tropikalny posiłek.

j) Rozkoszuj się kremowym kokosowym sosem curry z soczystymi krewetkami i chrupiącymi warzywami!

46.Jamajska koza curry

SKŁADNIKI:
- 2 funty mięsa koziego, pokrojonego w kostkę
- 2 łyżki jamajskiego curry w proszku
- 1 cebula, posiekana
- 3 ząbki czosnku, posiekane
- 1 papryka szkocka bonnet, usunięta z nasion i posiekana
- 1 łyżka oleju roślinnego
- 2 szklanki mleka kokosowego
- 2 szklanki wody
- 2 gałązki świeżego tymianku
- Sól i pieprz do smaku
- Ugotowany ryż lub roti do podania

INSTRUKCJE:

a) W misce dopraw mięso kozie sproszkowanym jamajskim curry, solą i pieprzem. Mieszaj, aby mięso równomiernie się nim pokryło.

b) Rozgrzej olej roślinny w dużym garnku lub holenderskim piekarniku na średnim ogniu.

c) Do garnka wrzucamy przyprawione mięso kozie i obsmażamy je ze wszystkich stron. Wyjmij mięso z garnka i odłóż na bok.

d) W tym samym garnku dodaj posiekaną cebulę, mielony czosnek i mieloną paprykę scotch bonnet (jeśli używasz). Smaż przez 2-3 minuty, aż cebula będzie przezroczysta i pachnąca.

e) Włóż zrumienione mięso kozie do garnka i wymieszaj, aby połączyć je z cebulą i czosnkiem.

f) Wlać mleko kokosowe i wodę. Dobrze wymieszaj, aby połączyć płyny.

g) Do garnka dodaj gałązki świeżego tymianku i całość zagotuj.

h) Zmniejsz ogień do niskiego, przykryj garnek i gotuj na wolnym ogniu przez około 2-3 godziny lub do momentu, aż mięso kozie będzie miękkie i aromatyczne. Mieszaj od czasu do czasu, aby zapobiec przywieraniu.

i) Doprawić do smaku solą i pieprzem.

j) Podawaj jamajskie kozie curry z gotowanym ryżem lub roti, aby uzyskać autentyczne i obfite tropikalne danie główne.

k) Ciesz się bogatym i aromatycznym smakiem koziego mięsa z dodatkiem curry!

47. Tacos rybne w stylu karaibskim

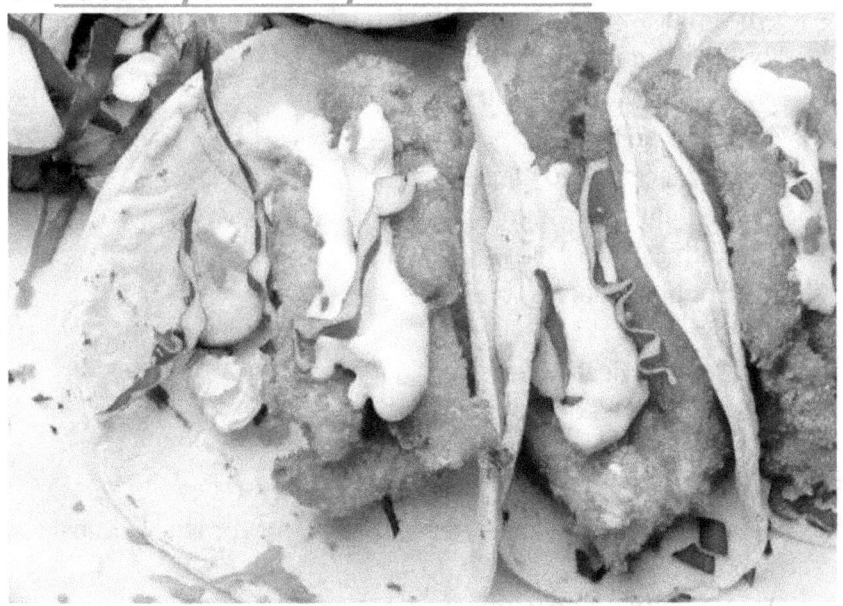

SKŁADNIKI:
- 1 funt filetów z białej ryby (takich jak dorsz lub tilapia)
- ¼ szklanki mąki uniwersalnej
- 1 łyżka przyprawy karaibskiej do dżemu
- ½ łyżeczki soli
- ¼ łyżeczki czarnego pieprzu
- 2 łyżki oleju roślinnego
- 8 małych tortilli
- Rozdrobniona sałata
- Pokrojone awokado
- Posiekana świeża kolendra
- Kawałki limonki do podania

INSTRUKCJE:
a) W płytkim naczyniu wymieszaj mąkę, przyprawę karaibską, sól i czarny pieprz.
b) Obtocz filety rybne w mieszance mąki, strzepując jej nadmiar.
c) Rozgrzej olej roślinny na dużej patelni na średnim ogniu.
d) Dodaj powlekane filety rybne na patelnię i smaż przez około 3-4 minuty z każdej strony lub do momentu, aż ryba będzie ugotowana i złocistobrązowa.
e) Zdejmij rybę z patelni i odstaw ją na kilka minut.
f) Podgrzej tortille na suchej patelni lub w kuchence mikrofalowej.
g) Ugotowaną rybę rozdrobnij i podziel pomiędzy tortille.
h) Posyp rybę posiekaną sałatą, pokrojonym awokado i posiekaną świeżą kolendrą.
i) Polewy wyciśnij ze świeżego soku z limonki.
j) Podawaj tacos rybne w stylu karaibskim jako tropikalne i aromatyczne danie główne.
k) Ciesz się chrupiącą i sezonowaną rybą ze świeżymi i żywymi dodatkami!

48. Łosoś w glazurze mango

SKŁADNIKI:
- 4 filety z łososia
- 1 dojrzałe mango, obrane, wypestkowane i zmiksowane
- 2 łyżki sosu sojowego
- 2 łyżki miodu
- 2 łyżki soku z limonki
- 2 ząbki czosnku, posiekane
- 1 łyżeczka startego imbiru
- Sól i pieprz do smaku
- Posiekana świeża kolendra do dekoracji

INSTRUKCJE:

a) Rozgrzej piekarnik do 190°C (375°F).

b) W misce wymieszaj puree z mango, sos sojowy, miód, sok z limonki, przeciśnięty przez praskę czosnek, starty imbir, sól i pieprz.

c) Ułóż filety z łososia w naczyniu do pieczenia i polej je glazurą z mango. Upewnij się, że łosoś jest równomiernie pokryty.

d) Piec w nagrzanym piekarniku przez około 12-15 minut lub do momentu, aż łosoś będzie ugotowany i będzie można go łatwo rozdzielić widelcem.

e) Podczas pieczenia raz lub dwa razy posmaruj łososia glazurą.

f) Po ugotowaniu wyjąć łososia z piekarnika i odstawić na kilka minut.

g) Udekoruj posiekaną świeżą kolendrą.

h) Podawaj łososia w glazurze z mango jako tropikalne i aromatyczne danie główne.

i) Rozkoszuj się soczystym i słodkim łososiem z pikantną i owocową polewą z mango!

49.Karaibskie curry warzywne

SKŁADNIKI:

- 1 łyżka oleju roślinnego
- 1 cebula, posiekana
- 2 ząbki czosnku, posiekane
- 1 czerwona papryka, pokrojona w kostkę
- 1 żółta papryka, pokrojona w kostkę
- 1 cukinia, pokrojona w kostkę
- 1 słodki ziemniak, obrany i pokrojony w kostkę
- 1 szklanka różyczek kalafiora
- 1 puszka (14 uncji) mleka kokosowego
- 2 łyżki karaibskiego curry w proszku
- 1 łyżeczka mielonego kminku
- 1 łyżeczka mielonej kolendry
- ¼ łyżeczki pieprzu cayenne (dostosuj do smaku)
- Sól i pieprz do smaku
- Posiekana świeża kolendra do dekoracji
- Ugotowany ryż lub roti do podania

INSTRUKCJE:

a) Rozgrzej olej roślinny na dużej patelni lub w garnku na średnim ogniu.

b) Dodaj posiekaną cebulę i posiekany czosnek i smaż przez 2-3 minuty, aż zmiękną i pachną.

c) Na patelnię dodaj pokrojoną w kostkę czerwoną i żółtą paprykę, pokrojoną w kostkę cukinię, pokrojone w kostkę słodkie ziemniaki i różyczki kalafiora. Mieszaj, aby warzywa pokryły się olejem.

d) Gotuj przez 5-6 minut, aż warzywa zaczną mięknąć.

e) W małej misce wymieszaj karaibskie curry, mielony kminek, mieloną kolendrę, pieprz cayenne, sól i pieprz.

f) Posyp mieszanką przypraw warzywa na patelni i dobrze wymieszaj, aby je pokryć.

g) Dolać mleko kokosowe i wymieszać z przyprawami i warzywami.

h) Doprowadź mieszaninę do wrzenia i przykryj patelnię. Gotuj przez około 15-20 minut lub do czasu, aż warzywa będą miękkie, a smaki się połączą.

i) W razie potrzeby dostosuj przyprawę.

j) Udekoruj posiekaną świeżą kolendrą.

k) Podawaj karaibskie warzywne curry z gotowanym ryżem lub z roti, aby uzyskać obfite i aromatyczne tropikalne danie główne.

l) Ciesz się żywymi i aromatycznymi smakami warzyw z dodatkiem curry!

50.Szarpany Kurczak Z Salsą Mango

SKŁADNIKI:
- 4 piersi z kurczaka bez kości i skóry
- 2 łyżki przyprawy jamajskiej
- 2 łyżki oleju roślinnego
- Sól i pieprz do smaku

MANGO SALSA:
- 1 dojrzałe mango, obrane, wypestkowane i pokrojone w kostkę
- ½ czerwonej cebuli, drobno posiekanej
- ½ czerwonej papryki, drobno posiekanej
- ½ papryczki jalapeno, usunięte nasiona i żeberka, drobno posiekane
- Sok z 1 limonki
- 2 łyżki posiekanej świeżej kolendry
- Sól dla smaku

INSTRUKCJE:

a) Rozgrzej grill lub patelnię grillową do średnio-wysokiej temperatury.

b) Natrzyj piersi kurczaka przyprawą jamajską, olejem roślinnym, solą i pieprzem.

c) Grilluj kurczaka przez około 6-8 minut z każdej strony lub do momentu, aż będzie ugotowany i ładnie zwęglony. Temperatura wewnętrzna powinna osiągnąć 165°F (74°C).

d) Zdejmij kurczaka z grilla i odstaw go na kilka minut.

e) W międzyczasie przygotuj salsę z mango, łącząc w misce pokrojone w kostkę mango, drobno posiekaną czerwoną cebulę, drobno posiekaną czerwoną paprykę, drobno posiekaną papryczkę jalapeno, sok z limonki, posiekaną świeżą kolendrę i sól. Dobrze wymieszaj, aby połączyć.

f) Grillowanego kurczaka Jerk pokrój w plasterki i podawaj z dużą łyżką salsy z mango.

g) Podawaj kurczaka z salsą mango jako tropikalne i pikantne danie główne.

h) Ciesz się odważną i aromatyczną przyprawą Jerk w połączeniu z orzeźwiającą i owocową salsą z mango!

51.Hawajskie żeberka wieprzowe BBQ

SKŁADNIKI:
- 2 ruszty żeberek wieprzowych
- 1 szklanka soku ananasowego
- ½ szklanki ketchupu
- ¼ szklanki sosu sojowego
- ¼ szklanki brązowego cukru
- 2 łyżki octu ryżowego
- 2 ząbki czosnku, posiekane
- 1 łyżeczka startego imbiru
- Sól i pieprz do smaku

INSTRUKCJE:
a) Rozgrzej piekarnik do 163°C (325°F).
b) W misce wymieszaj sok ananasowy, ketchup, sos sojowy, brązowy cukier, ocet ryżowy, mielony czosnek, starty imbir, sól i pieprz.
c) Umieść ruszty z żeberkami wieprzowymi w dużym naczyniu do pieczenia lub brytfance.
d) Zalej marynatą żeberka, upewniając się, że są nią pokryte ze wszystkich stron. Zarezerwuj trochę marynaty do posmarowania.
e) Przykryj naczynie folią aluminiową i włóż do nagrzanego piekarnika.
f) Piecz żeberka przez około 2 godziny lub do momentu, aż będą miękkie, a mięso zacznie odchodzić od kości.
g) Zdejmij folię i posmaruj żeberka zarezerwowaną marynatą.
h) Zwiększ temperaturę piekarnika do 200°C i włóż ponownie żeberka do piekarnika bez przykrycia.
i) Piecz przez kolejne 15-20 minut lub do momentu, aż żeberka ładnie się skarmelizują, a sos zgęstnieje.
j) Wyjmij z piekarnika i przed podaniem odłóż żeberka na kilka minut.
k) Podawaj hawajskie żeberka wieprzowe BBQ jako tropikalne i soczyste danie główne.
l) Rozkoszuj się delikatnymi i aromatycznymi żeberkami w słodko-pikantnej glazurze BBQ!

52. Karaibski grillowany stek z salsą ananasową

SKŁADNIKI:
- 2-funtowy stek z flanki
- 2 łyżki przyprawy karaibskiej szarpanej
- 2 łyżki oleju roślinnego
- Sól i pieprz do smaku

SALSA ANANASOWA:
- 1 szklanka pokrojonego w kostkę ananasa
- ½ czerwonej cebuli, drobno posiekanej
- ½ czerwonej papryki, drobno posiekanej
- ½ papryczki jalapeno, usunięte nasiona i żeberka, drobno posiekane
- Sok z 1 limonki
- 2 łyżki posiekanej świeżej kolendry
- Sól dla smaku

INSTRUKCJE:

a) Rozgrzej grill lub patelnię grillową do średnio-wysokiej temperatury.

b) Natrzyj stek z flanki przyprawą karaibską, olejem roślinnym, solą i pieprzem.

c) Grilluj stek przez około 4-6 minut z każdej strony lub do momentu, aż osiągnie pożądany poziom wysmażenia. Przed pokrojeniem odstaw na kilka minut.

d) W międzyczasie przygotuj salsę ananasową, łącząc w misce pokrojonego w kostkę ananasa, drobno posiekaną czerwoną cebulę, drobno posiekaną czerwoną paprykę, drobno posiekaną papryczkę jalapeno, sok z limonki, posiekaną świeżą kolendrę i sól. Dobrze wymieszaj, aby połączyć.

e) Grillowany stek pokrój wzdłuż włókien i podawaj z dużą łyżką salsy ananasowej.

f) Podawaj karaibski stek z grilla z salsą ananasową jako tropikalne i aromatyczne danie główne.

TROPIKALNE DESERY

53.Pavlova z owoców tropikalnych

SKŁADNIKI:
- 4 duże białka jaj w temperaturze pokojowej
- 1 Szczypta soli
- 225 gramów cukru pudru
- 2 łyżeczki mąki kukurydzianej
- 1 Szczypta kremu z kamienia nazębnego
- 1 łyżeczka octu winnego białego
- 4 krople ekstraktu waniliowego
- 2 Marakuja
- Dojrzałe owoce tropikalne, takie jak mango; kiwi, owoce gwiaździste i agrest przylądkowy
- 150 mililitrów Podwójna śmietanka
- 200 mililitrów creme fraiche

INSTRUKCJE :
a) Rozgrzej piekarnik do 150°C/300°F/gaz 2.
b) Wyłóż blachę do pieczenia nieprzywierającym pergaminem do pieczenia i narysuj okrąg o średnicy 22 cm. Beza: Ubij białka z solą w dużej, czystej misce, aż utworzą się sztywne szczyty.
c) Dodawaj cukier po jednej trzeciej na raz, dobrze ubijając pomiędzy każdym dodaniem, aż masa będzie sztywna i bardzo błyszcząca. Posyp mąką kukurydzianą, kremem z kamienia nazębnego, octem i ekstraktem waniliowym i delikatnie wymieszaj.
d) Ułóż bezę na papierze wewnątrz koła, upewniając się, że pośrodku znajduje się duże wgłębienie.
e) Włóż do piekarnika i natychmiast zmniejsz temperaturę do 120°C/250°F/Gaz ¼ i piecz przez 1½-2 godziny, aż ciasto będzie bladobrązowe, ale lekko miękkie w środku. Wyłącz piekarnik, zostaw lekko uchylone drzwiczki i pozostaw do całkowitego ostygnięcia.
f) Nadzienie: Marakuję przekrój na pół i wydrąż miąższ. W razie potrzeby obierz i pokrój wybrane owoce.
g) Śmietanę włóż do miski i ubijaj, aż zgęstnieje, a następnie dodaj creme fraiche. Oderwij papier od pavlovej i połóż ją na talerzu.
h) Nałóż kremową masę i ułóż na wierzchu owoce, kończąc miąższem z marakui. Podawać na raz.

54. Tropikalny sorbet z margarity

SKŁADNIKI:
- 1 szklanka cukru
- 1 szklanka przecieru z marakui
- 1 ½ funta dojrzałych mango, obranych, wypestkowanych i pokrojonych w kostkę
- Tarta skórka z 2 limonek
- 2 łyżki tequili Blanco (białej).
- 1 łyżka likieru pomarańczowego
- 1 łyżka jasnego syropu kukurydzianego
- ½ łyżeczki soli koszernej

INSTRUKCJE:
a) W małym rondlu wymieszaj cukier i puree z marakui.
b) Doprowadzić do wrzenia na średnim ogniu, mieszając do rozpuszczenia
c) cukier. Zdjąć z ognia i pozostawić do ostygnięcia.
d) W blenderze połącz mieszankę marakuji, pokrojonego w kostkę mango, skórkę z limonki, tequilę, likier pomarańczowy, syrop kukurydziany i sól. Puree aż będzie gładkie.
e) Wlać mieszaninę do miski, przykryć i przechowywać w lodówce do ostygnięcia, co najmniej 4 godziny lub maksymalnie na całą noc.
f) Zamrażaj i ubijaj w maszynie do lodów zgodnie z instrukcją producenta.
g) Dla uzyskania miękkiej (moim zdaniem najlepszej) konsystencji sorbet podajemy od razu; aby uzyskać bardziej sztywną konsystencję, przełóż go do pojemnika, przykryj i pozostaw do stwardnienia w zamrażarce na 2–3 godziny.

55. Tropikalne lody kokosowo-ananasowe

SKŁADNIKI:

- 1 jajko
- 50 gramów cukru
- 250 ml mleka kokosowego
- 200 ml Śmietanka gęsta
- ½ całego ananasa Świeży ananas
- 1 Rum

INSTRUKCJE:

a) Użyj największej miski, ponieważ wszystkie składniki będziesz mieszać w tej samej misce, w której będziesz ubijać śmietanę.

b) Oddziel żółtko i białko. Z białka jaja i połowy cukru uformuj sztywną bezę. Drugą połowę cukru połączyć z żółtkiem i ubijać do białości.

c) Ubij ciężką śmietanę, aż utworzą się lekko miękkie szczyty. Dodać mleko kokosowe i lekko wymieszać.

d) Ananasa posiekaj drobno lub zmiksuj blenderem na lekko grubą pastę.

e) W tym momencie przygotowania są zakończone. Nie ma potrzeby być zbyt precyzyjnym. Wszystko wymieszaj w misce z gęstą śmietaną i mlekiem kokosowym. Dodać także bezę i dobrze wymieszać.

f) Wlać do pudełka Tupperware i zamrozić do końca. Nie trzeba mieszać w połowie.

g) Jeśli zmielisz ananasa na gładką pastę, wynik będzie bardziej jedwabisty i bardziej przypomina autentyczne lody.

h) Po nabraniu lodów do naczyń spróbuj polać je niewielką kroplą rumu. Smakuje niesamowicie, zupełnie jak koktajl piña colada.

56. Tropikalny drobiazg

SKŁADNIKI:
- Trzy 12-uncjowe puszki skondensowanego mleka
- 4 szklanki pełnego mleka
- 1 szklanka plus 2 łyżki cukru
- 6 Lekko ubite żółtka
- 2 łyżki słodkiego wina sherry lub deserowego
- 1 łyżeczka wanilii
- 1 szklanka pokrojonych truskawek
- 12 kawałków jednodniowego ciasta funtowego lub 24
- Biedronka lub 36 makaroników
- 3 mango, obrane i pokrojone w plasterki
- 5 Kiwi, obrane i pokrojone w plasterki
- 1 szklanka przekrojonych na połówki czerwonych winogron bez pestek

INSTRUKCJE:
a) W rondlu podgrzej mleko na małym ogniu.
b) Dodaj 1 szklankę cukru i żółtka, powoli ubijaj, aby jajka nie zrobiły się grudki.
c) Kontynuuj gotowanie, ciągle mieszając, aż mieszanina stanie się bardzo gęsta.
d) Nie dopuść do wrzenia, w przeciwnym razie zgęstnieje. Dodaj sherry i wanilię.
e) Zdjąć z ognia i ostudzić. Połącz jagody z 2 łyżkami cukru i odłóż na bok.
f) Wyłóż małe naczynie kawałkami ciasta.
g) Na ciasto wylać połowę ostudzonego kremu, następnie dodać połowę owoców łącznie z jagodami.
h) Dodaj kolejną warstwę ciasta i posmaruj pozostałym kremem, a następnie owocami.
i) Przechowywać w lodówce do czasu podania. Jeśli chcesz, przed podaniem posyp ten drobiazg większą ilością sherry.

57. Tropikalne lody w rolkach

SKŁADNIKI:
- Rolowane lody waniliowe
- 1 ½ szklanki rozmrożonych kawałków mrożonego mango
- Żółty barwnik spożywczy

BYCZY
- Bita śmietana kokosowa, rozmrożona
- Świeże Mango, posiekane
- Prażone chipsy kokosowe

INSTRUKCJE:
a) Przygotuj lody waniliowe zgodnie z zaleceniami, z wyjątkiem połączenia składników w blenderze z 1-½ szklanki rozmrożonych kawałków mrożonego mango i zabarwienia żółtym barwnikiem spożywczym.

b) Przykryj i wymieszaj, aż będzie gładkie.

c) Posyp mrożone bułeczki rozmrożoną bitą śmietaną kokosową, posiekanym mango i prażonymi chipsami kokosowymi.

58. Mus z owoców tropikalnych

SKŁADNIKI:
- 1 szklanka niesłodzonego soku ananasowego
- 1 szklanka świeżego organicznego soku jagodowego
- 1 szklanka niesłodzonej bitej śmietany

INSTRUKCJE:
a) Podgrzewaj na dużym ogniu.
b) Zmniejsz ogień do średniego i gotuj na wolnym ogniu, ciągle mieszając, przez 5 minut, aż mieszanina zgęstnieje.
c) Zdjąć z ognia i całkowicie ostudzić.
d) Do schłodzonego soku wmieszać bitą śmietanę.
e) Rozłóż łyżką do 6 oddzielnych talerzy i przechowuj w lodówce aż do schłodzenia.

59. Sorbet z owoców tropikalnych

SKŁADNIKI:

- 2 szklanki obranych i posiekanych dojrzałych owoców tropikalnych
- 1 szklanka syropu cukrowego
- 2 limonki
- 1 szklanka pełnego mleka lub maślanki

INSTRUKCJE:

a) Zmiksuj lub zmiksuj owoce tropikalne, a następnie przeciśnij przez sito o drobnych oczkach, jeśli lubisz gładką konsystencję.

b) Dodajemy syrop cukrowy, drobno startą skórkę z 1 limonki i sok z obu, a także mleko.

c) Wlać do pojemnika do zamrażania i zamrozić, mieszając ręcznie, rozbijając dwa lub trzy razy podczas zamrażania.

d) Zamrozić do twardości, następnie przełożyć do połówek małych skorupek ananasa lub naczyń do serwowania i posypać świeżo startą gałką muszkatołową.

e) Podawać z małymi owocami tropikalnymi, takimi jak liczi, winogrona lub prażonymi kawałkami świeżego kokosa.

f) Lody te można zamrażać do 1 miesiąca.

g) Wyjąć z zamrażarki na 10 minut przed podaniem, aby zmiękło.

60. Mango-kokosowe lody Chia

SKŁADNIKI:
- 2 dojrzałe mango, obrane i wypestkowane
- 1 szklanka mleka kokosowego
- 2 łyżki miodu lub syropu klonowego
- 2 łyżki nasion chia

INSTRUKCJE:

a) W blenderze połącz dojrzałe mango, mleko kokosowe i miód lub syrop klonowy.

b) Mieszaj, aż masa będzie gładka i kremowa.

c) Dodaj nasiona chia i odstaw na 5 minut, aby nasiona chia zgęstniały.

d) Wlać mieszaninę mango, kokosa i chia do foremek na lody.

e) Włóż patyczki do lodów i zamrażaj przez co najmniej 4 godziny lub do całkowitego zamrożenia.

f) Po zamrożeniu wyjmij lody z foremek i ciesz się tropikalnymi lodygami z kokosem i chia w upalny dzień!

61.Mango-Kokosowa Panna Cotta

SKŁADNIKI:

- 1 szklanka puree z mango
- 1 szklanka mleka kokosowego
- ¼ szklanki) cukru
- 1 łyżeczka ekstraktu waniliowego
- 2 łyżeczki żelatyny w proszku
- 2 łyżki wody

INSTRUKCJE:

a) W małej misce zalej wodę żelatyną i pozostaw ją na 5 minut.

b) W rondlu podgrzej puree z mango, mleko kokosowe, cukier i ekstrakt waniliowy na średnim ogniu, aż zacznie się gotować.

c) Zdjąć z ognia i wymieszać z napęczniałą żelatyną, aż do całkowitego rozpuszczenia.

d) Wlać mieszaninę do pojedynczych szklanek lub kokilek.

e) Przechowywać w lodówce przez co najmniej 4 godziny lub do momentu stwardnienia.

f) Podawać schłodzone i udekorować plasterkami świeżego mango lub wiórkami kokosowymi.

62. Babeczki Piña Colada

SKŁADNIKI:

- 1 ½ szklanki mąki uniwersalnej
- 1 ½ łyżeczki proszku do pieczenia
- ¼ łyżeczki soli
- ½ szklanki niesolonego masła, zmiękczonego
- 1 szklanka granulowanego cukru
- 2 duże jajka
- 1 łyżeczka ekstraktu waniliowego
- ½ szklanki soku ananasowego z puszki
- ¼ szklanki mleka kokosowego
- ¼ szklanki wiórków kokosowych

INSTRUKCJE:

a) Rozgrzej piekarnik do 175°C i wyłóż formę do muffinów papilotkami.
b) W misce wymieszaj mąkę, proszek do pieczenia i sól.
c) W osobnej dużej misce utrzyj masło z cukrem na jasną i puszystą masę.
d) Wbijaj jajka, jedno po drugim, a następnie ekstrakt waniliowy.
e) Stopniowo dodawaj suche składniki do mokrych, na zmianę z sokiem ananasowym i mlekiem kokosowym.
f) Dołóż wiórki kokosowe.
g) Rozłóż ciasto równomiernie pomiędzy papilotkami.
h) Piec przez 18-20 minut lub do momentu, gdy wykałaczka wbita w środek będzie czysta.
i) Wyjmij z piekarnika i poczekaj, aż babeczki całkowicie ostygną.
j) Posmaruj lukrem z kremu kokosowego i udekoruj kawałkami ananasa i wiórkami kokosowymi.

63.mus z marakuji

SKŁADNIKI:
- 1 szklanka miazgi z marakui (odcedzonej, aby usunąć nasiona)
- 1 szklanka gęstej śmietanki
- ½ szklanki słodzonego skondensowanego mleka
- ½ łyżeczki ekstraktu waniliowego
- Świeże nasiona marakui do dekoracji (opcjonalnie)

INSTRUKCJE:

a) W misce miksującej ubijaj ciężką śmietanę, aż utworzą się miękkie szczyty.

b) W osobnej misce połącz miazgę z marakui, słodzone mleko skondensowane i ekstrakt waniliowy. Dobrze wymieszaj.

c) Delikatnie wymieszaj ubitą śmietanę z marakują, aż dobrze się połączy.

d) Wlać mieszaninę do szklanek lub kokilek.

e) Przechowywać w lodówce przez co najmniej 2 godziny lub do momentu stwardnienia.

f) Jeśli chcesz, przed podaniem możesz udekorować świeżymi nasionami marakui.

g) Ciesz się lekkimi i tropikalnymi smakami musu z marakui.

64. Mango Kleisty Ryż

SKŁADNIKI:

- 1 szklanka kleistego ryżu (lepki ryż)
- 1 szklanka mleka kokosowego
- ½ szklanki granulowanego cukru
- ¼ łyżeczki soli
- 2 dojrzałe mango, pokrojone w plasterki
- Prażone nasiona sezamu do dekoracji (opcjonalnie)

INSTRUKCJE:

a) Opłucz kleisty ryż pod zimną wodą, aż woda będzie czysta.
b) W rondlu wymieszaj opłukany ryż, mleko kokosowe, cukier i sól.
c) Gotuj mieszaninę na średnim ogniu, często mieszając, aż ryż wchłonie płyn i stanie się lepki i delikatny (około 20-25 minut).
d) Zdejmij z ognia i pozwól mu lekko ostygnąć.
e) Podawaj kleisty ryż z mango, umieszczając kopczyk kleistego ryżu na talerzu lub misce i układając na wierzchu pokrojone w plasterki mango.
f) Posyp prażonymi nasionami sezamu, aby uzyskać dodatkową chrupkość i orzechowy smak.

65. Sernik Gujawa

SKŁADNIKI:
DO SKORUPY:
- 1 ½ szklanki okruszków krakersów graham
- 1/4 szklanki roztopionego masła
- 2 łyżki granulowanego cukru

DO WYPEŁNIENIA:
- 24 uncje (680 g) serka śmietankowego, zmiękczonego
- 1 szklanka granulowanego cukru
- 3 duże jajka
- 1 łyżeczka ekstraktu waniliowego
- 1 szklanka pasty z gujawy, roztopionej i ostudzonej

NA polewę z gujawy:
- 1 szklanka puree z gujawy lub soku z gujawy
- 1/4 szklanki granulowanego cukru
- 1 łyżka skrobi kukurydzianej
- 1 łyżka wody

INSTRUKCJE:

a) Rozgrzej piekarnik do 163°C (325°F). Nasmaruj tłuszczem tortownicę o średnicy 23 cm i odłóż na bok.

b) W średniej misce wymieszaj okruchy krakersów graham, roztopione masło i cukier granulowany na spód. Dobrze wymieszaj, aż mieszanina będzie przypominać mokry piasek.

c) Równomiernie wyłóż mieszaninę okruchów na dno przygotowanej tortownicy. Mocno dociśnij grzbietem łyżki lub szklanki o płaskim dnie.

d) W dużej misce wymieszaj serek śmietankowy i granulowany cukier, aż masa będzie gładka i kremowa. Dodawaj jajka, jedno po drugim, dobrze ubijając po każdym dodaniu. Wymieszaj ekstrakt waniliowy.

e) Wlać roztopioną i ostudzoną pastę z gujawy do mieszanki serka śmietankowego i ubijać, aż składniki dobrze się połączą. Upewnij się, że nie ma grudek.

f) Nadzienie sernikowe wylewamy na spód tortownicy. Wygładź wierzch szpatułką.

g) Umieścić tortownicę na blasze do pieczenia, aby wyłapać ewentualne wycieki podczas pieczenia. Piec w nagrzanym piekarniku przez około 55-60 minut lub do momentu, aż krawędzie się zetną, a środek będzie lekko drgający.

h) Wyjmij sernik z piekarnika i pozostaw do ostygnięcia do temperatury pokojowej. Następnie włóż do lodówki na co najmniej 4 godziny lub na noc, aby całkowicie stwardniało.

i) Podczas gdy sernik się chłodzi, przygotuj polewę z gujawy. W rondlu wymieszaj puree z gujawy lub sok z gujawy, cukier granulowany, skrobię kukurydzianą i wodę. Dobrze wymieszaj, aby rozpuścić skrobię kukurydzianą.

j) Postaw rondelek na średnim ogniu i gotuj, ciągle mieszając, aż mieszanina zgęstnieje i zacznie lekko wrzeć. Zdjąć z ognia i pozostawić do ostygnięcia.

k) Gdy sernik będzie już całkowicie schłodzony i stwardniały, wyjmij go z tortownicy. Na sernik wyłóż polewę z gujawy, równomiernie ją rozprowadzając.

l) Włóż sernik do lodówki na około 1 godzinę, aby polewa z gujawy stwardniała.

66.Odwrócone ciasto ananasowe

SKŁADNIKI:
NA polewę:
- ¼ szklanki niesolonego masła
- ⅔ szklanki brązowego cukru
- 1 puszka (20 uncji) plasterków ananasa, odsączonych
- Wiśnie Maraschino do dekoracji

NA CIASTO:
- 1 ½ szklanki mąki uniwersalnej
- 2 łyżeczki proszku do pieczenia
- ½ łyżeczki soli
- ½ szklanki niesolonego masła, zmiękczonego
- 1 szklanka granulowanego cukru
- 2 duże jajka
- 1 łyżeczka ekstraktu waniliowego
- ½ szklanki soku ananasowego

INSTRUKCJE:

a) Rozgrzej piekarnik do 175°C i natłuść okrągłą formę do ciasta o średnicy 9 cali.

b) W rondlu rozpuść masło na polewę na średnim ogniu.

c) Mieszaj, aż brązowy cukier się rozpuści i zacznie bulgotać.

d) Wlać mieszaninę do natłuszczonej formy do ciasta, równomiernie ją rozprowadzając.

e) Na mieszaninie brązowego cukru ułóż plasterki ananasa. Połóż wiśnię maraschino na środku każdego plasterka ananasa.

f) W misce wymieszaj mąkę, proszek do pieczenia i sól do ciasta.

g) W osobnej dużej misce utrzyj masło z cukrem na jasną i puszystą masę.

h) Wbijaj jajka, jedno po drugim, a następnie ekstrakt waniliowy.

i) Stopniowo dodawaj suche składniki do mokrych, na zmianę z sokiem ananasowym.

j) Ciasto wylać na plastry ananasa w tortownicy.

k) Piec przez 40-45 minut lub do momentu, gdy wykałaczka wbita w środek będzie czysta.

l) Wyjmij z piekarnika i pozostaw ciasto do ostygnięcia w formie na 10 minut.

m) Przełóż ciasto na talerz, ostrożnie wyjmując patelnię.

n) Podawaj odwrócone ciasto ananasowe na ciepło lub w temperaturze pokojowej, eksponując karmelizowaną polewę ananasową.

67. Coconut Macaroons

SKŁADNIKI:

- 2 ⅔ szklanki wiórków kokosowych
- ⅔ szklanki słodzonego skondensowanego mleka
- 1 łyżeczka ekstraktu waniliowego

INSTRUKCJE:

a) Rozgrzej piekarnik do 163°C i wyłóż blachę do pieczenia papierem pergaminowym.

b) W misce połącz wiórki kokosowe, słodzone mleko skondensowane i ekstrakt waniliowy. Dobrze wymieszaj, aż do całkowitego połączenia.

c) Używając łyżki stołowej lub miarki do ciastek, upuść zaokrąglone kopczyki mieszanki kokosowej na przygotowaną blachę do pieczenia, zachowując odstępy około 2 cali.

d) Piec przez 15-18 minut lub do momentu, aż krawędzie staną się złotobrązowe.

e) Wyjmij z piekarnika i pozwól makaronikom ostygnąć na blasze przez kilka minut.

f) Przełożyć makaroniki na metalową kratkę, aby całkowicie wystygły.

g) Opcjonalnie: Skropić ostudzonymi makaronikami roztopioną czekoladą, aby dodać słodyczy i smaku.

h) Podawaj kokosowe makaroniki jako pyszny i ciągnący się tropikalny deser.

68. Lody ananasowo-kokosowe

SKŁADNIKI:

- 2 szklanki mleka kokosowego z puszki
- 1 szklanka zmiażdżonego ananasa, odsączonego
- ½ szklanki granulowanego cukru
- 1 łyżeczka ekstraktu waniliowego

INSTRUKCJE:

a) W blenderze lub robocie kuchennym połącz mleko kokosowe, pokruszony ananas, cukier i ekstrakt waniliowy. Mieszaj, aż masa będzie gładka i dobrze połączona.

b) Wlać mieszaninę do maszyny do lodów i ubić zgodnie z instrukcją producenta.

c) Gdy lody osiągną konsystencję miękkiej, przełóż je do zamykanego pojemnika.

d) Zamroź lody na kilka godzin lub do momentu, aż będą twarde.

e) Podawaj ananasowo-kokosowe lody w miseczkach lub rożkach i rozkoszuj się tropikalnymi smakami.

69. Pudding ryżowo-kokosowy

SKŁADNIKI:

- 1 szklanka ryżu jaśminowego
- 2 szklanki wody
- 2 szklanki mleka kokosowego
- ½ szklanki granulowanego cukru
- ½ łyżeczki soli
- ½ łyżeczki ekstraktu waniliowego
- Prażone płatki kokosowe do dekoracji (opcjonalnie)

INSTRUKCJE:

a) W rondlu wymieszaj ryż jaśminowy z wodą. Doprowadzić do wrzenia, następnie zmniejszyć ogień do małego, przykryć i gotować na wolnym ogniu przez około 15 minut lub do momentu, aż ryż się ugotuje i wchłonie wodę.

b) Do ugotowanego ryżu dodaj mleko kokosowe, cukier granulowany, sól i ekstrakt waniliowy. Dobrze wymieszaj, aby połączyć.

c) Gotuj mieszaninę na średnim ogniu, mieszając od czasu do czasu, przez 15-20 minut lub do momentu, aż ryż wchłonie mleko kokosowe i budyń zgęstnieje.

d) Zdjąć z ognia i pozostawić do lekkiego ostygnięcia.

e) Podawaj kokosowy pudding ryżowy ciepły lub schłodzony.

f) Udekoruj prażonymi płatkami kokosowymi, aby dodać tekstury i smaku.

70. Tarta kokosowa z mango

SKŁADNIKI:
DO SKORUPY:
- 1 ½ szklanki okruszków krakersów graham
- ¼ szklanki granulowanego cukru
- ½ szklanki roztopionego, niesolonego masła

DO WYPEŁNIENIA:
- 2 szklanki kawałków dojrzałego mango
- 1 szklanka mleka kokosowego
- ½ szklanki granulowanego cukru
- ¼ szklanki skrobi kukurydzianej
- ¼ łyżeczki soli
- ½ szklanki wiórków kokosowych
- Plasterki mango do dekoracji (opcjonalnie)

INSTRUKCJE:
a) Rozgrzej piekarnik do 175°C i natłuść 9-calową formę do tarty.
b) W misce wymieszaj okruchy krakersów graham, cukier granulowany i roztopione masło na spód. Dobrze wymieszaj.
c) Wyciśnij masę na spód i boki formy do tarty, tworząc równą warstwę.
d) Piecz spód przez 10 minut, następnie wyjmij z piekarnika i pozostaw do ostygnięcia.
e) W blenderze lub robocie kuchennym zmiksuj kawałki mango na gładką masę.
f) W rondlu wymieszaj mleko kokosowe, cukier granulowany, skrobię kukurydzianą i sól do nadzienia.
g) Gotuj mieszaninę na średnim ogniu, ciągle mieszając, aż zgęstnieje i dojdzie do wrzenia.
h) Zdejmij z ognia i dodaj zmiksowane mango i wiórki kokosowe.
i) Na upieczony spód wylewamy nadzienie kokosowo-mango.
j) Wygładź wierzch szpatułką.
k) Piecz przez kolejne 15-20 minut lub do momentu, aż nadzienie się zetnie, a brzegi będą złociste.
l) Wyjmij z piekarnika i pozostaw do całkowitego ostygnięcia na patelni.
m) Po ostygnięciu wstawić do lodówki na co najmniej 2 godziny, aby schłodziło się i stężało.
n) W razie potrzeby przed podaniem udekoruj plasterkami mango.
o) Pokrój i podawaj tartę kokosowo-mango jako tropikalny i kremowy deser.

71. Sorbet z papai i limonki

SKŁADNIKI:

- 2 szklanki dojrzałych kawałków papai
- ½ szklanki granulowanego cukru
- ¼ szklanki wody
- Sok z 2 limonek
- Skórka z limonki do dekoracji (opcjonalnie)

INSTRUKCJE:

a) W blenderze lub robocie kuchennym zmiksuj kawałki papai na gładką masę.
b) W rondlu wymieszaj granulowany cukier i wodę. Podgrzewaj na średnim ogniu, aż cukier całkowicie się rozpuści, tworząc prosty syrop.
c) Zdejmij z ognia i pozwól, aby prosty syrop ostygł do temperatury pokojowej.
d) W misce wymieszaj zmiksowaną papaję i sok z limonki.
e) Mieszaj prosty syrop, aż dobrze się połączy.
f) Wlać mieszaninę do maszyny do lodów i ubić zgodnie z instrukcją producenta.
g) Przełożyć sorbet do zamykanego pojemnika i zamrozić na kilka godzin lub do momentu, aż stwardnieje.
h) Podawaj sorbet z papai i limonki w miseczkach lub rożkach.
i) Udekoruj skórką z limonki, aby uzyskać dodatkową porcję cytrusowego smaku.

72.Pudding kokosowo-bananowy

SKŁADNIKI:

- 3 duże dojrzałe banany
- 1 puszka (13,5 uncji) mleka kokosowego
- ½ szklanki granulowanego cukru
- ¼ szklanki skrobi kukurydzianej
- ¼ łyżeczki soli
- 1 łyżeczka ekstraktu waniliowego
- ½ szklanki wiórków kokosowych do dekoracji (opcjonalnie)

INSTRUKCJE:

a) W blenderze lub robocie kuchennym zmiksuj dojrzałe banany na gładką masę.

b) W rondlu wymieszaj mleko kokosowe, cukier granulowany, skrobię kukurydzianą i sól.

c) Gotuj mieszaninę na średnim ogniu, ciągle mieszając, aż zgęstnieje i dojdzie do wrzenia.

d) Zdjąć z ognia i wymieszać z zmiksowanymi bananami i ekstraktem waniliowym.

e) Wlać budyń kokosowo-bananowy do misek lub kokilek.

f) Przechowywać w lodówce przez co najmniej 2 godziny lub do czasu, aż ostygnie i stwardnieje.

g) W razie potrzeby przed podaniem udekoruj wiórkami kokosowymi.

h) Rozkoszuj się kremowym i tropikalnym smakiem budyniu bananowo-kokosowego.

73. Kruszonka Ananasowo-Kokosowa

SKŁADNIKI:
DO WYPEŁNIENIA:
- 4 szklanki kawałków świeżego ananasa
- ¼ szklanki granulowanego cukru
- 2 łyżki skrobi kukurydzianej
- 1 łyżka świeżego soku z cytryny

NA KRUSZONKĘ:
- 1 Mąkę o wszechstronnym przeznaczeniu
- ½ szklanki granulowanego cukru
- ½ szklanki roztopionego, niesolonego masła
- ½ szklanki wiórków kokosowych

INSTRUKCJE:
a) Rozgrzej piekarnik do 175°C i natłuść naczynie do pieczenia.

b) W misce wymieszaj kawałki ananasa, cukier granulowany, skrobię kukurydzianą i sok z cytryny jako nadzienie. Dobrze wymieszaj, aż ananas będzie pokryty.

c) Do natłuszczonej formy do pieczenia wlać nadzienie ananasowe.

d) W osobnej misce połącz mąkę uniwersalną, cukier granulowany, roztopione masło i wiórki kokosowe na kruszonkę. Mieszaj, aż mieszanina będzie przypominała grube okruchy.

e) Posyp równomiernie kruszonką nadzienie ananasowe w naczyniu do pieczenia.

f) Piec przez 30-35 minut lub do momentu, aż polewa będzie złocistobrązowa, a nadzienie ananasowe będzie musujące.

g) Wyjąć z piekarnika i pozostawić do lekkiego ostygnięcia.

h) Podawaj ciepłą kruszonkę ananasowo-kokosową z gałką lodów waniliowych lub kleksem bitej śmietany, aby uzyskać wspaniały tropikalny deser.

TROPIKALNE NAPOJE

74. Tropikalna woda

SKŁADNIKI:
- 1 świeża gałązka mięty lub bazylii
- 1 mandarynka, obrana
- ½ mango, obranego i pokrojonego w kostkę
- Filtrowana woda

INSTRUKCJE:
a) Do szklanego dzbanka włóż miętę, mandarynkę i mango.
b) Napełnij go przefiltrowaną wodą.
c) Parzyć przez 2 godziny w lodówce.
d) Wlać do szklanek.

75. Tropikalny raj

SKŁADNIKI:

- 1 owoc kiwi, obrany i pokrojony
- 1 laska wanilii przecięta wzdłuż
- ½ mango, pokrojonego w kostkę

INSTRUKCJE:

a) Umieść mango, kiwi i laskę wanilii w dzbanku o pojemności 64 uncji.
b) Wlać przefiltrowaną wodę lub wodę kokosową.
c) Schłodź przed podaniem.

76.Tropikalna mrożona herbata

SKŁADNIKI:

- 1 szklanka świeżego soku pomarańczowego
- 1 szklanka ananasa
- ½ szklanki syropu z agawy
- 12 szklanek wrzącej wody
- 12 torebek herbaty
- 3 szklanki sody cytrynowej

INSTRUKCJE:

a) Umieść wrzącą wodę i torebki herbaty w czajniczku;
b) Pozwól mu ostygnąć.
c) Wstawić do lodówki do momentu schłodzenia.
d) Do blendera włóż sok ananasowy i pomarańczowy.
e) Ucieraj, aż mieszanina będzie jednolita i gładka.
f) Do dzbanka włóż puree ananasowe.
g) wymieszaj z syropem z agawy i sodą cytrynową.
h) Wymieszaj i podawaj schłodzone.

77.Pikantny tropikalny zielony koktajl

SKŁADNIKI:
- 2 szklanki ciasno upakowanych liści szpinaku
- 1 szklanka mrożonych kawałków ananasa
- 1 szklanka mrożonych kawałków mango
- 1 mała mandarynka, obrana i wypestkowana lub sok z 1 limonki
- 1 szklanka wody kokosowej
- ¼ łyżeczki pieprzu cayenne (opcjonalnie)

INSTRUKCJE:

a) Połącz wszystkie składniki w blenderze i miksuj na najwyższych obrotach, aż masa będzie gładka.

b) Ciesz się zimnem.

78.Koktajl z tropikalnych mandarynek

SKŁADNIKI:
- 2 mandarynki obrane i podzielone na segmenty
- ½ szklanki ananasa
- 1 mrożony banan

INSTRUKCJE:
a) Wymieszaj z ½ do 1 szklanki płynu.
b) Cieszyć się

79. Koktajl z tropikalnej komosy ryżowej

SKŁADNIKI:

- ¼ szklanki gotowanej komosy ryżowej
- ¼ szklanki jasnego mleka kokosowego
- ⅓ szklanki mrożonych kawałków mango
- ⅓ szklanki mrożonych kawałków ananasa
- ½ mrożonego banana
- 1 łyżka niesłodzonego wiórka kokosowego
- 1 łyżka cukru kokosowego do smaku
- ½ łyżeczki wanilii

INSTRUKCJE:

a) Połącz wszystkie składniki w blenderze, aż będą gładkie.

b) Dostosuj konsystencję do smaku, dodając więcej mleka, aby uzyskać rzadszy koktajl, oraz lód lub odrobinę jogurtu, aby uzyskać gęstszy koktajl.

c) Cieszyć się!

80.Tropikalna

SKŁADNIKI:

- ½ szklanki ananasa
- ½ średniej obranej pomarańczy z pępka
- 10 migdałów
- ¼ szklanki mleka kokosowego
- Jeden ¼-calowy plasterek świeżego imbiru
- 1 łyżka świeżego soku z cytryny
- ¼ łyżeczki mielonej kurkumy lub jeden ¼-calowy plasterek świeżej
- 4 kostki lodu

INSTRUKCJE:
a) Połącz wszystkie składniki w blenderze i zmiksuj na gładkie puree.

81.Piña Colada

SKŁADNIKI:

- 2 uncje rumu
- 2 uncje soku ananasowego
- 2 uncje śmietanki kokosowej
- Kawałek ananasa i wiśnia do dekoracji

INSTRUKCJE:

a) Napełnij shaker kostkami lodu.
b) Do shakera dodaj rum, sok ananasowy i śmietankę kokosową.
c) Dobrze wstrząsnąć.
d) Przecedź mieszaninę do szklanki wypełnionej lodem.
e) Udekoruj cząstką ananasa i wiśnią.
f) Podawaj i ciesz się!

82. Truskawkowe Daiquiri

SKŁADNIKI:
- 2 uncje rumu
- 1 uncja soku z limonki
- 1 uncja prostego syropu
- 4-5 świeżych truskawek
- Kostki lodu
- Truskawka do dekoracji

INSTRUKCJE:

a) W blenderze połącz rum, sok z limonki, syrop cukrowy, świeże truskawki i kostki lodu.
b) Mieszaj, aż masa będzie gładka i kremowa.
c) Wlać mieszaninę do szklanki.
d) Udekoruj truskawką.
e) Podawaj i ciesz się!

83.Tropikalna Margarita

SKŁADNIKI:
- 2 uncje tequili
- 1 uncja soku z limonki
- 1 uncja soku pomarańczowego
- 1 uncja soku ananasowego
- ½ uncji prostego syropu
- Kawałek limonki i sól do rimingu (opcjonalnie)

INSTRUKCJE:

a) W razie potrzeby posyp szklankę solą, pocierając brzeg limonką i zanurzając ją w soli.

b) Napełnij shaker kostkami lodu.

c) Do shakera dodaj tequilę, sok z limonki, sok pomarańczowy, sok ananasowy i syrop cukrowy.

d) Dobrze wstrząsnąć.

e) Przecedź mieszaninę do przygotowanej szklanki wypełnionej lodem.

f) Udekoruj cząstką limonki.

g) Podawaj i ciesz się!

84. Niebieski hawajski makieta

SKŁADNIKI:

- 2 uncje syropu Blue Curaçao
- 2 uncje soku ananasowego
- 1 uncja kremu kokosowego
- Kawałek ananasa i wiśnia do dekoracji

INSTRUKCJE:

a) Napełnij shaker kostkami lodu.

b) Do shakera dodaj syrop blue curaçao, sok ananasowy i śmietankę kokosową.

c) Dobrze wstrząsnąć.

d) Przecedź mieszaninę do szklanki wypełnionej lodem.

e) Udekoruj plasterkiem ananasa i wiśnią.

f) Podawaj i ciesz się tym żywym, bezalkoholowym tropikalnym napojem!

85.Makieta Mango Mojito

SKŁADNIKI:

- 1 dojrzałe mango, obrane i pokrojone w kostkę
- 1 uncja soku z limonki
- 1 uncja prostego syropu
- 6-8 listków świeżej mięty
- Woda sodowa
- Kawałek mango i gałązka mięty do dekoracji

INSTRUKCJE:

a) W szklance rozgnieć kostki mango z sokiem z limonki i syropem cukrowym.
b) Dodaj kostki lodu i podarte liście mięty.
c) Uzupełnij wodą sodową.
d) Delikatnie wymieszać.
e) Udekoruj plasterkiem mango i gałązką mięty.
f) Podawaj i delektuj się tym orzeźwiającym koktajlem!

86. Limonka kokosowa

SKŁADNIKI:

- 1 szklanka wody kokosowej
- ¼ szklanki soku z limonki
- 2 łyżki syropu prostego
- Plasterki limonki i liście mięty do dekoracji

INSTRUKCJE:

a) W dzbanku połącz wodę kokosową, sok z limonki i syrop cukrowy.
b) Dobrze wymieszaj, aby wymieszać.
c) Dodaj kostki lodu do szklanek do serwowania.
d) Wlej limonkę kokosową do lodu w każdej szklance.
e) Udekoruj plasterkami limonki i listkami mięty.
f) Delikatnie zamieszaj przed podaniem.
g) Ciesz się orzeźwiającym i pikantnym smakiem tego tropikalnego koktajlu z limonką!

87.Tropikalna Sangria

SKŁADNIKI:
- 1 butelka białego wina
- 1 szklanka soku ananasowego
- ½ szklanki soku pomarańczowego
- ¼ szklanki rumu
- 2 łyżki syropu prostego
- Różne owoce tropikalne
- Soda klubowa (opcjonalnie)
- Liście mięty do dekoracji

INSTRUKCJE:

a) W dużym dzbanku połącz białe wino, sok ananasowy, sok pomarańczowy, rum i syrop cukrowy.

b) Dobrze wymieszaj, aby wymieszać.

c) Do dzbanka dodaj pokrojone w plasterki owoce tropikalne.

d) Odstawić do lodówki na co najmniej 1 godzinę, aby smaki się przegryzły.

e) Przed podaniem wlej tropikalną sangrię do szklanek wypełnionych lodem.

f) W razie potrzeby dodaj odrobinę sody klubowej, aby uzyskać efekt musowania.

g) Udekoruj listkami mięty.

h) Popijaj i ciesz się owocową i orzeźwiającą tropikalną sangrią!

88. Lodówka arbuzowo-limonkowa

SKŁADNIKI:

- 2 szklanki świeżego arbuza, pokrojonego w kostkę
- Sok z 2 limonek
- 2 łyżki miodu
- 1 szklanka wody gazowanej
- Plasterki arbuza i gałązki mięty do dekoracji

INSTRUKCJE:

a) W blenderze zmiksuj świeżego arbuza na gładką masę.
b) Odcedź sok z arbuza do dzbanka, aby usunąć miąższ.
c) Do dzbanka dodaj sok z limonki i miód.
d) Dobrze wymieszaj, aby miód się rozpuścił.
e) Tuż przed podaniem do dzbanka dodać wodę gazowaną i delikatnie wymieszać.
f) Lodówkę arbuzowo-limonkową przelej do szklanek wypełnionych lodem.
g) Udekoruj plasterkami arbuza i gałązkami mięty.
h) Popijaj i ciesz się tą odświeżającą i nawilżającą tropikalną lodówką!

89. Zielona herbata z mango

SKŁADNIKI:

- 2 szklanki zaparzonej zielonej herbaty, ostudzonej
- 1 szklanka kawałków dojrzałego mango
- 1 łyżka miodu (opcjonalnie)
- Kostki lodu
- Plasterki mango do dekoracji

INSTRUKCJE:

a) W blenderze zmiksuj kawałki dojrzałego mango na gładką masę.
b) W dzbanku połącz zaparzoną zieloną herbatę i puree z mango.
c) Dobrze wymieszaj, aby wymieszać.
d) Jeśli chcesz, możesz dodać miód, aby osłodzić herbatę.
e) Napełnij szklanki kostkami lodu.
f) Wlej zieloną herbatę z mango do lodu w każdej szklance.
g) Udekoruj plasterkami mango.
h) Delikatnie zamieszaj przed podaniem.
i) Ciesz się tropikalnymi smakami tej orzeźwiającej zielonej herbaty z mango!

90. Tropikalny cios

SKŁADNIKI:

- 2 szklanki soku ananasowego
- 1 szklanka soku pomarańczowego
- ½ szklanki soku żurawinowego
- ¼ szklanki soku z limonki
- 2 szklanki piwa imbirowego
- Plasterki ananasa i plasterki pomarańczy do dekoracji

INSTRUKCJE:

a) W dzbanku połącz sok ananasowy, sok pomarańczowy, sok żurawinowy i sok z limonki.
b) Dobrze wymieszaj, aby wymieszać.
c) Tuż przed podaniem do dzbanka dodaj piwo imbirowe i delikatnie zamieszaj.
d) Napełnij szklanki kostkami lodu.
e) Wlej tropikalny poncz do lodu w każdej szklance.
f) Udekoruj plasterkami ananasa i plasterkami pomarańczy.
g) Delikatnie zamieszaj przed podaniem.
h) Ciesz się owocowymi i tropikalnymi smakami tego orzeźwiającego ponczu!

91. Mrożona herbata z hibiskusa

SKŁADNIKI:

- 4 szklanki wody
- 4 torebki herbaty hibiskusowej
- ¼ szklanki miodu lub cukru (dostosuj do smaku)
- Plasterki cytryny i liście mięty do dekoracji

INSTRUKCJE:

a) W rondlu zagotuj wodę.
b) Zdjąć z ognia i dodać torebki herbaty hibiskusowej.
c) Pozostaw herbatę do zaparzenia na 10-15 minut.
d) Wyjmij torebki herbaty i wymieszaj z miodem lub cukrem, aż się rozpuści.
e) Pozwól herbacie ostygnąć do temperatury pokojowej, a następnie przechowuj ją w lodówce, aż się schłodzi.
f) Napełnij szklanki kostkami lodu.
g) Do każdej szklanki wlej mrożoną herbatę z hibiskusa.
h) Udekoruj plasterkami cytryny i listkami mięty.
i) Delikatnie zamieszaj przed podaniem.
j) Popijaj i ciesz się żywą i orzeźwiającą herbatą z hibiskusa!

92.Tropikalna mrożona kawa

SKŁADNIKI:
- 1 filiżanka kawy parzonej, schłodzonej
- ½ szklanki mleka kokosowego
- ¼ szklanki soku ananasowego
- 1 łyżka miodu lub cukru (dostosuj do smaku)
- Kostki lodu

INSTRUKCJE:
a) W szklance wymieszaj schłodzoną parzoną kawę, mleko kokosowe, sok ananasowy i miód lub cukier.
b) Dobrze wymieszaj, aby wymieszać i rozpuścić słodzik.
c) Oddzielną szklankę napełnij kostkami lodu.
d) Na lód wlać tropikalną mrożoną kawę.
e) Delikatnie zamieszaj przed podaniem.
f) Ciesz się tropikalnym akcentem klasycznej mrożonej kawy!

PRZYPRAWY TROPIKALNE

93. Salsa ananasowo-papajska

SKŁADNIKI:
- 2 szklanki posiekanego świeżego ananasa
- 1 dojrzała papaja, obrana, pozbawiona nasion i pokrojona w 1/4-calową kostkę
- 1/2 szklanki posiekanej czerwonej cebuli
- 1/4 szklanki posiekanej świeżej kolendry lub pietruszki
- 2 łyżki świeżego soku z limonki
- 1 łyżeczka octu jabłkowego
- 2 łyżeczki cukru
- 1/4 łyżeczki soli
- 1 małe, gorące czerwone chili, pozbawione nasion i posiekane

INSTRUKCJE:

a) W szklanej misce połącz wszystkie składniki, dobrze wymieszaj, przykryj i odstaw w temperaturze pokojowej na 30 minut przed podaniem lub przechowuj w lodówce do momentu użycia.

b) Ta salsa smakuje najlepiej, jeśli zostanie użyta tego samego dnia, w którym została przygotowana, ale odpowiednio przechowywana, zachowa trwałość do 2 dni.

94. Mango Salsa

SKŁADNIKI:
- 2 dojrzałe mango, pokrojone w kostkę
- ½ szklanki pokrojonej w kostkę czerwonej papryki
- ¼ szklanki pokrojonej w kostkę czerwonej cebuli
- 1 papryczka jalapeno, pozbawiona nasion i drobno posiekana
- Sok z 1 limonki
- 2 łyżki posiekanej świeżej kolendry
- Sól i pieprz do smaku

INSTRUKCJE:

a) W misce wymieszaj pokrojone w kostkę mango, czerwoną paprykę, czerwoną cebulę, papryczkę jalapeno, sok z limonki i kolendrę.

b) Dobrze wymieszaj i dopraw solą i pieprzem.

c) Podawać z chipsami tortilla lub jako dodatek do grillowanego kurczaka lub ryby.

d) Ciesz się orzeźwiającą i pikantną salsą z mango!

95. Kokosowy chutney z kolendry

SKŁADNIKI:
- 1 szklanka świeżych liści kolendry
- ½ szklanki wiórków kokosowych
- 1 zielone chili, pozbawione nasion i posiekane
- 2 łyżki soku z cytryny
- 1 łyżka pieczonej chana dal (ciecierzycy)
- 1 łyżka wiórków kokosowych (opcjonalnie)
- Sól dla smaku

INSTRUKCJE:

a) W blenderze lub robocie kuchennym połącz liście kolendry, wiórki kokosowe, zielone chili, sok z cytryny, prażony chana dal, wiórki kokosowe (jeśli używasz) i sól.

b) Mieszaj, aż uzyskasz gładką i kremową konsystencję.

c) Dostosuj sól i sok z cytryny według własnego gustu.

d) Przełożyć do miski i przechowywać w lodówce do momentu użycia.

e) Podawać jako dip do samos, dos lub jako pasta do kanapek.

96.Chutney z tamaryndowca

SKŁADNIKI:

- 1 szklanka miąższu tamaryndowca
- 1 szklanka cukru jaggery lub brązowego
- 1 łyżeczka kminku w proszku
- 1 łyżeczka mielonego imbiru
- ½ łyżeczki czerwonego chili w proszku
- Sól dla smaku

INSTRUKCJE:

a) W rondlu wymieszaj miąższ tamaryndowca, cukier jaggery lub brązowy, kminek w proszku, mielony imbir, czerwone chili w proszku i sól.

b) Dodaj 1 szklankę wody i zagotuj mieszaninę.

c) Zmniejsz ogień do małego i gotuj na wolnym ogniu przez około 15-20 minut, mieszając od czasu do czasu, aż chutney zgęstnieje.

d) Zdjąć z ognia i pozostawić do całkowitego ostygnięcia.

e) Po ostygnięciu przekładamy do słoiczka i przechowujemy w lodówce.

f) Stosuj jako sos do maczania samos i pakor lub jako przyprawa do dań chaat.

97. Masło z marakui

SKŁADNIKI:

- 1 szklanka niesolonego masła, zmiękczonego
- ¼ szklanki miąższu z marakui
- 2 łyżki cukru pudru
- 1 łyżeczka ekstraktu waniliowego

INSTRUKCJE:

a) W misce wymieszaj miękkie masło, miąższ marakui, cukier puder i ekstrakt waniliowy.

b) Użyj miksera elektrycznego lub trzepaczki, aby wymieszać składniki, aż składniki zostaną dobrze połączone i gładkie.

c) Masło z marakui przełóż do słoika lub hermetycznego pojemnika.

d) Odstawić do lodówki na co najmniej 1 godzinę, aby smaki się przegryzły.

e) Masłem z marakui posmaruj tosty, naleśniki lub użyj go jako polewy do deserów.

98.Sos z nasion papai

SKŁADNIKI:
- ¼ szklanki nasion papai
- ¼ szklanki oliwy z oliwek
- 2 łyżki białego octu winnego
- 1 łyżka miodu
- 1 łyżeczka musztardy Dijon
- Sól i pieprz do smaku

INSTRUKCJE:

a) W blenderze lub robocie kuchennym połącz nasiona papai, oliwę z oliwek, ocet z białego wina, miód, musztardę Dijon, sól i pieprz.

b) Mieszaj, aż sos będzie gładki, a nasiona papai dobrze się połączą.

c) Posmakuj i w razie potrzeby dopraw do smaku.

d) Przełóż dressing z nasion papai do butelki lub słoika z dobrze dopasowaną pokrywką.

e) Dobrze wstrząsnąć przed użyciem.

f) Sosem polej sałatki lub użyj go jako marynaty do grillowanych mięs lub warzyw.

99.Sos BBQ z gujawą

SKŁADNIKI:
- 1 szklanka pasty z gujawy
- ½ szklanki ketchupu
- 2 łyżki sosu sojowego
- 2 łyżki octu jabłkowego
- 1 łyżka brązowego cukru
- 1 łyżka sosu Worcestershire
- 1 łyżeczka wędzonej papryki
- ½ łyżeczki czosnku w proszku
- Sól i pieprz do smaku

INSTRUKCJE:

a) W rondlu wymieszaj pastę z gujawy, ketchup, sos sojowy, ocet jabłkowy, brązowy cukier, sos Worcestershire, wędzoną paprykę, czosnek w proszku, sól i pieprz.

b) Gotuj na małym ogniu, ciągle mieszając, aż pasta z gujawy się rozpuści, a sos zgęstnieje.

c) Posmakuj i w razie potrzeby dopraw do smaku.

d) Zdejmij z ognia i poczekaj, aż sos BBQ z gujawą ostygnie.

e) Przelej do słoika lub butelki i przechowuj w lodówce do momentu użycia.

f) Użyj sosu jako glazury do grillowanego kurczaka lub żeberek lub jako sosu do klopsików lub szaszłyków.

100. Sos Mango Habanero

SKŁADNIKI:

- 2 dojrzałe mango, obrane i posiekane
- 2 papryczki habanero, pozbawione nasion i posiekane
- ¼ szklanki białego octu
- 2 łyżki soku z limonki
- 2 łyżki miodu
- 1 łyżeczka czosnku w proszku
- Sól dla smaku

INSTRUKCJE:

a) W blenderze lub robocie kuchennym połącz posiekane mango, papryczki habanero, biały ocet, sok z limonki, miód, czosnek w proszku i sól.

b) Mieszaj, aż uzyskasz gładką konsystencję sosu.

c) Przenieść mieszaninę do rondla i doprowadzić do wrzenia na średnim ogniu.

d) Zmniejsz ogień do małego i gotuj przez około 10-15 minut, od czasu do czasu mieszając.

e) Zdejmij z ognia i poczekaj, aż sos całkowicie ostygnie.

f) Sos mango habanero przełożyć do słoika lub butelki z szczelnie zamykaną pokrywką.

g) Przechowywać w lodówce do momentu użycia.

h) Sosu można używać jako pikantnej przyprawy do grillowanych mięs i kanapek lub jako sos do sajgonek lub skrzydełek kurczaka.

WNIOSEK

Kończymy naszą podróż przez „Prawdziwy triumf tropikalnej kuchni", mamy nadzieję, że doświadczyłeś radości i energii, jaką kuchnia tropikalna wnosi na stół. Każdy przepis na tych stronach jest celebracją skąpanych w słońcu smaków, egzotycznych składników i świątecznego ducha, które definiują tropikalne doznania kulinarne.

Niezależnie od tego, czy delektowałeś się orzeźwiającymi napojami na bazie kokosa, delektowałeś się aromatycznymi przyprawami dań inspirowanych kuchnią karaibską, czy też rozkoszowałeś się słodyczą deserów z owoców tropikalnych, ufamy, że te 100 zachwycających przepisów wniosło do Twojej kuchni smak raju. Niech poza składnikami i technikami esencja tropikalnego świętowania pozostanie w Twoich posiłkach, dodając odrobinę radości Twoim kulinarnym wysiłkom.

W miarę dalszego odkrywania bogatego dziedzictwa kuchni tropikalnej, niech ta książka kucharska zainspiruje Cię do napełnienia posiłków wibrującą energią i smakami słonecznych wybrzeży. Przed nami najlepsze święto kuchni tropikalnej, gdzie każde danie jest kulinarną ucieczką do raju. Życzę Ci ciepła i rozkoszy tropików na Twoim stole!